Strade blu

Federico Rampini

IL LUNGO INVERNO

False apocalissi, vere crisi, ma non ci salverà lo Stato

MONDADORI

Dello stesso autore
nella collezione Strade blu

Il secolo cinese
L'impero di Cindia
L'ombra di Mao
La speranza indiana
Slow Economy
Occidente estremo
Alla mia Sinistra
Voi avete gli orologi, noi abbiamo il tempo
Banchieri
Vi racconto il nostro futuro
All You Need Is Love
L'Età del Caos
Banche: possiamo ancora fidarci?
Il tradimento
Le linee rosse
Quando inizia la nostra storia
La notte della sinistra
La seconda guerra fredda
I cantieri della storia
Fermare Pechino
Suicidio occidentale

mondadori.it

Il lungo inverno
di Federico Rampini
Collezione Strade blu

ISBN 978-88-04-75522-7

I edizione ottobre 2022

Indice

Il lungo inverno

Introduzione

Il lungo inverno in cui ci addentriamo darà il segno a un'intera epoca della nostra storia? Siamo a malapena usciti da una pandemia per entrare subito in una guerra europea con annesso shock energetico. Sullo sfondo, altri problemi ci incalzano. Carovita e caro-denaro. Cambiamento climatico. Diseguaglianze sociali. Squilibri demografici. Pressioni migratorie. Molti di questi sono connessi fra loro. Per esempio, l'allarme sul ricatto alimentare che Vladimir Putin ha cercato di agitare, per aggiungere alle paure europee anche quella di una «bomba profughi». Non è facile distinguere fra crisi vere – lo shock energetico lo è senz'altro – e false Apocalissi, annunciate da profeti interessati a seminare paura.

Se risaliamo all'attacco terroristico dell'11 settembre 2001, poi al crac dei mutui subprime (2008), aggiungiamo la Brexit e l'elezione di Donald Trump (2016), per concludere con il Covid-19 e l'Ucraina, abbiamo vissuto oltre un ventennio all'insegna di «cigni neri», cioè eventi statisticamente improbabilissimi, e che tuttavia sono accaduti, generando un impatto enorme. Turbati da tanti precedenti, vorremmo migliorare la nostra capacità di avvistare eventi apparentemente inverosimili. L'incertezza ci avvinghia, e coincide con una maggiore frequenza di eventi catastrofici.

Alcuni di noi cercano un rifugio simile a quello offerto dai regimi autoritari: sempre più Stato, la protezione di una mano forte. Uno scivolamento geopolitico verso modelli orientali, associato alla rivalutazione del dirigismo pubblico, è una risposta possibile: in parte è già in atto. Sarà una soluzione peggiore del male?

Siamo entrati in un'era segnata dalla scarsità. Ci sentiamo accerchiati da ogni sorta di penuria. Mancano l'energia e, spesso, anche l'acqua (nelle ultime estati lunghe e aride). Alimenti essenziali costano più cari. In molti settori le aziende lamentano di non trovare lavoratori. Sullo sfondo c'è la decrescita della popolazione, che non risparmia più neppure la Cina. Infine, con l'inflazione e il rialzo dei tassi d'interesse, diventa più rara e costosa anche la moneta. Quanto è reale, quanto è «fisica», oggettiva e palpabile, la scarsità in ciascuno di questi suoi aspetti? O quanto è invece fabbricata, artefatta, il risultato di comportamenti e scelte politiche sbagliate? È irreversibile? O è invece un fenomeno temporaneo da cui usciremo come guarimmo da altre crisi? Il trauma scatenato dalla pandemia, e poi aggravato dalla guerra in Ucraina, sarà solo l'inizio di una fase storica caratterizzata da ristrettezze, sacrifici, razionamenti e tagli su tutto?

L'ultimo periodo storico segnato da fenomeni analoghi fu negli anni Settanta: due shock energetici, iperinflazione, costo del denaro alle stelle, recessione. E tanta conflittualità sociale, ingovernabilità, che fecero parlare di un collasso delle democrazie. I vari miracoli economici del dopoguerra andarono a schiantarsi in modo brutale. Nacque allora una riflessione sui «limiti dello sviluppo», e autorevoli esperti affacciarono nei loro scenari l'ambientalismo e l'esaurimento delle risorse naturali. Il 2 marzo 1972 uscì *I limiti dello sviluppo*, rapporto commissionato al Massachusetts Institute of Technology dal Club di Roma e stilato da 17 scienziati. Uno dei primi esperimenti di complesse simulazioni al computer, quel rapporto tentava di prevedere le conseguenze della continua crescita della popolazione sull'ecosistema terrestre e sulla stessa sopravvivenza della specie umana. Fu il capostipite di una lunga catena di visioni allarmistiche.

Ironia della sorte, in seguito lo sviluppo economico ripartì alla grande: con l'avvio di una modernizzazione in Cina e in India, le due nazioni più popolose del pianeta, ispirate da molti altri «dragoni» asiatici. Lungi dal sentirsi entrata nell'era della scarsità, anziché subire limiti alla crescita, per la maggior parte dell'umanità la corsa verso la modernità e il benessere stava appena cominciando.

Da allora, da quella profezia errata sulla fine dello sviluppo che fu l'ossessione degli anni Settanta, dovrebbe essersi insinuato fra noi almeno un dubbio: che vedere dietro l'angolo l'Apocalisse imminente sia un tratto distintivo di civiltà decadenti come la nostra. Le visioni che proiettiamo sul nostro futuro sono intrise di ideologia.

Già negli anni Settanta, una delle ragioni per cui sbagliammo a prevedere la fine della crescita fu la sottovalutazione dell'economia di mercato. Nel bene e nel male, la dinamica della domanda e dell'offerta continua a essere una forza potente per determinare il cambiamento. I fenomeni di scarsità possono essere dei benefici segnali di allarme, che ci inducono a correggere il tiro, ad aggiustare gli squilibri, a sperimentare, a esplorare strade nuove. L'auto elettrica e i pannelli fotovoltaici che abbiamo oggi non sarebbero nati senza lo stimolo a innovare che venne dal caro-benzina e dalle «domeniche a piedi» di cinquant'anni fa.

Qualche aggiustamento di mercato si è già visto all'opera nel biennio maledetto fra lo scoppio della pandemia e l'invasione russa in Ucraina. Prendo un settore poco noto, eppure davvero cruciale per ciascuno di noi: i trasporti marittimi, arteria vitale di tutte le economie del pianeta. All'uscita dalla pandemia, con la ripresa della produzione cinese e dei consumi occidentali, per un po' la marina mercantile è diventata una delle macchine dell'inflazione globale. Scarseggiavano navi e container. Gli ingorghi, nei porti e sulle rotte principali, moltiplicavano le tariffe fino all'inverosimile. Rincari pazzeschi nei costi di trasporto si ripercuotevano a valle su tutti i prezzi delle merci, fino al supermercato sotto casa nostra. Senza parlare dei ritardi nelle consegne, i disservizi, le inefficienze scaricate su ogni professione e ogni attività, anche sul muratore o sul falegname o sul piastrellista, che non riceveva la materia prima per continuare i lavori di ristrutturazione di casa nostra.

Tutto questo è stato vero fino a quando gli armatori, stimolati dalla domanda e attratti dal guadagno, hanno investito per potenziare la capacità di trasporto. Al tempo stesso i loro clienti – le imprese produttrici di beni di consumo, la grande distribuzione – per risparmiare hanno dovuto migliorare la gestione dei magazzini di scorte. Infine i consumatori, impoveriti dai rincari, hanno cominciato a selezionare certe spese. Allora la curva dei noli marittimi ha ricominciato a scendere verso una quasi normalità. Anche se alcune strozzature fisiche sono molto lente da risolvere – ci vuole tempo per costruire nuove banchine nei porti, nuove linee ferroviarie –, laddove esiste un vero mercato la scarsità è un fenomeno transitorio, perché l'aumento dei prezzi crea convenienza a investire di più, a produrre di più. O a consumare di meno.

Lo stesso meccanismo può funzionare al contrario, in modo perverso: se non investi e non produci, stai preparando nuove scarsità e nuovi focolai d'inflazione. Prendiamo il gas naturale. Ancora prima delle contro-sanzioni inflitte da Putin all'Europa chiudendo i rubinetti dei suoi gasdotti, l'estrazione ristagnava da tempo. Un ambientalismo frettoloso e antiscientifico aveva creato l'illusione di un passaggio veloce a un mondo «con 100 per cento di energia rinnovabile». Il gas non sgorga spontaneamente dai giacimenti: per avere un flusso costante e affidabile bisogna investire ininterrottamente in questo settore. Invece, nel gas c'è stato uno sciopero degli investimenti motivato da un'ideologia irrealistica.

Gli stessi governi che avevano contribuito a delegittimare l'energia fossile, nel 2022 sono stati protagonisti di uno spettacolare rovesciamento di posizioni: le nazionalizzazioni di grandi utility come Uniper in Germania o Edf in Francia, nonché gli espropri delle filiali tedesche di Gazprom e Rosneft decisi dal cancelliere Olaf Scholz, segnano una statalizzazione del settore per rianimarlo dal coma artificiale in cui si trovava. L'Occidente si scopre a copiare ciò che la Cina o la Russia o il Golfo Persico facevano da tempo: nei paesi emergenti l'energia fossile è da decenni sotto il controllo dello Stato.

Un viaggio dentro il nuovo mondo della scarsità deve fare i conti con questo intreccio tra fenomeni reali – una vera mancanza di cose – e le loro cause, spesso altamente politiche; nonché con gli aspetti culturali, i valori e le aspettative che cambiano.

L'energia è solo uno dei settori in cui l'opinione pubblica sembra scoprire di colpo un'emergenza, mentre in realtà la crisi veniva preparata da molti anni di decisioni sbagliate. Putin ha dato la spallata finale a un edificio già pericolante, pronto a crollare. L'Europa si vantava di procedere a grandi passi verso un futuro pulitissimo, senza vedere l'assurdità di quel che stava facendo. Lo «sciopero dei venti» nel mare del Nord per due estati consecutive – colpendo grossi produttori di energia eolica come Regno Unito e Danimarca – ci ha ricordato in modo crudele che le energie rinnovabili, allo stato attuale della nostra tecnologia, hanno limiti insormontabili e devono essere affiancate da centrali tradizionali.

La meno inquinante tra le energie fossili è il gas, ma italiani e tedeschi hanno quasi smesso di estrarlo dal loro sottosuolo per delegare questo lavoro sporco alla Russia.

Fino a diventarne schiavi. Il rifiuto irrazionale del nucleare ha contribuito al disastro. Uno pseudoambientalismo che nasconde egoismi locali ha bloccato per anni centinaia di progetti di centrali eoliche e solari, vietate in nome del paesaggio da tutelare. Intanto Pechino ha costruito le premesse per la nostra prossima débâcle: la transizione dell'Occidente verso un mondo di auto elettriche e pannelli fotovoltaici quasi interamente «made in China». Energie pulite solo in apparenza: ci mettiamo la coscienza «verde» a posto perché abbiamo delegato ai cinesi il mestiere inquinante di estrarre e lavorare il litio (essenziale per le batterie elettriche).

Una scarsità diversa è quella che colpisce la nostra forza lavoro. Questo è un fenomeno non fisico bensì sociale, etico e culturale. Tra le sue cause c'è lo shock esistenziale della pandemia, che ha accelerato la ricerca di nuove priorità di vita, complici lo smart working e, in certi paesi, il reddito di cittadinanza o sussidi statali di altro genere. Soprattutto fra i giovani sono aumentate le pretese sulla qualità del lavoro. Nelle attività intellettuali, dove lo smart working è possibile, per molti è diventato una condizione tassativa: o mi lasciate lavorare da casa o mi licenzio. E pazienza se il lavoro in remoto sterilizza i rapporti umani fra colleghi, svuota lo spirito di squadra, trasforma eserciti di dipendenti in mercenari nomadi. Tra le nuove generazioni, che osservano la frustrazione dei più anziani, cresce lo scetticismo sui miraggi della carriera, regredisce l'etica del sacrificio, i discorsi motivazionali dei top manager non convincono più. A maggior ragione i mestieri manuali, quelli poco qualificati e scarsamente remunerati, privi dell'opzione smart working, attraggono ancor meno di prima. Giusto o sbagliato non importa, il giudizio morale non è rilevante. Qui siamo di fronte a un tipico caso di scarsità fabbricata. La manodopera non manca realmente, «si nega».

Il paradosso si complica quando allarghiamo lo sguardo a tutta l'evoluzione demografica. Malati della sindrome apocalittica, siamo passati in poco tempo dall'allarme sulla bomba delle troppe nascite a quello sullo spopolamento. In questo caso la scarsità è immaginaria (siamo 8 miliardi!), e ognuno la usa per tirare acqua al proprio mulino. Per esempio, con teorie discutibili sul ruolo salvifico dell'immigrazione, di cui si esagerano i benefici e si sottovalutano i costi.

Gli stessi catastrofisti che descrivono un'umanità in via di estinzione perché non fa più figli sostengono che il pianeta comunque non potrà sfamarci tutti, visti i danni del cambiamento climatico sui raccolti agricoli. Questo è un falso, una scarsità inventata. Altro è constatare il rincaro dei prezzi alimentari, provocato da azioni politiche quali la scelta autarchica di superpotenze agricole, a volte insospettabili, come l'India. Il cambiamento climatico avrà riflessi sull'agricoltura, ma oltre ai perdenti ci saranno i vincitori, come la Siberia o il Canada. E una strada maestra per mitigare i danni delle siccità, la ricerca biogenetica su piante che richiedono meno acqua, è stata sabotata dalla campagna antiscientifica contro gli organismi geneticamente manipolati.

L'elenco dei disagi, disservizi e problemi quotidiani non risparmia i settori più sorprendenti. Così, nell'estate 2022, produttori di birra tedeschi si sono ritrovati in difficoltà perché mancava (o costava cifre stratosferiche) l'anidride carbonica da addizionare per rendere la birra frizzante. Lo stesso sovrapprezzo metteva in crisi celebri marche italiane di acqua minerale frizzante, anch'esse a corto di bollicine. È il colmo, no? Scarseggiava oppure costava troppo – nella sua versione chimicamente utilizzabile per l'industria delle bevande – persino una materia prima, l'anidride carbonica, di cui riempiamo l'atmosfera con le emissioni che accelerano il cambiamento climatico. In tutta la filiera agricola e alimentare ci sono produzioni che dipendono da derivati chimici del petrolio, tra cui fertilizzanti, medicinali, conservanti: sicché, quando pensiamo di poter fare a meno delle energie fossili in tempi rapidi, non sappiamo che significherebbe restare senza cibo.

La penuria di moneta è un'altra di quelle scarsità che ci riconducono agli anni Settanta. Li avevamo sepolti negli archivi, ora quel fatidico decennio si prende la rivincita: è obbligatorio riscoprirlo. Dopo il 2008 e lo schianto della finanza mondiale, per scongiurare una Grande Depressione le banche centrali inondarono il pianeta di moneta e spinsero i tassi d'interesse sotto zero. La stessa terapia è stata ripetuta con rinnovato vigore durante la pandemia. Sono fiorite nuove dottrine assai popolari, come la Modern Monetary Theory, che sospendevano la legge di gravità. Stampare virtualmente moneta era un gioco da ripetere all'infinito, accontentando tutti, e senza pagare alcun prezzo, salvo l'impoverimento occulto di pensionati e risparmiatori attraverso rendimenti inesistenti.

Ora riecco un'inflazione schizzata verso i livelli che conobbi quando ero adolescente. Mentre lei punta al cielo, noi siamo precipitati dalle nuvole. L'atterraggio è doloroso. Siamo in piena controrivoluzione. Torna in uso il vecchio manuale dei banchieri centrali: per combattere l'inflazione si raziona il credito e così si provoca una recessione, che ci rende (quasi) tutti un po' più poveri. I mutui costavano poco, ora tornano a essere un salasso. I bilanci familiari ne risentono, quelli delle imprese pure. Consumando meno, riducendo la domanda, interviene un altro genere di scarsità, la parsimonia della nostra spesa. Anche questa è una penuria fabbricata: dall'intervento delle banche centrali che cancella quattordici anni di moneta abbondante.

L'aggressione all'Ucraina ha aggravato le penurie in certi settori – energia, derrate alimentari, alcuni minerali e metalli – ma i problemi di approvvigionamento erano presenti anche prima. Le banche centrali sono costrette a rincorrere gli eventi, a operare una stretta monetaria più dura e più veloce, perché la loro credibilità è stata intaccata.

Restano altri nodi da sciogliere. L'Europa ha speso meno per aiutare i suoi cittadini durante la pandemia, non ha creato dunque un eccesso di domanda paragonabile a quello generato da Trump-Biden, eppure si ritrova con un carovita identico: paga anni di politiche energetiche sbagliate. La Cina ha subìto dei rialzi forsennati nei costi di produzione (materie prime), ha conosciuto arresti di produzione prolungati (lockdown), e tuttavia non patisce tensioni inflazionistiche comparabili a quelle occidentali. Una spiegazione è il rallentamento della sua crescita e, quindi, dei consumi: per un miliardo di cinesi «sequestrati in casa» da Xi Jinping per sconfiggere la pandemia, la voglia di consumare si è un po' fiaccata. Tanto più che alcune centinaia di milioni fra loro non hanno potuto fare vacanze all'estero per tre anni. Altre centinaia di milioni hanno i risparmi intrappolati nei fallimenti del settore immobiliare.

Il sistema cinese ha accumulato problemi: una gestione troppo rigida della pandemia legata alle arretratezze della sua sanità; la disfatta dei suoi vaccini di Stato nella gara con quelli dell'industria farmaceutica americana (privata); le bancarotte dei colossi immobiliari. Eppure il fascino del modello cinese è rimasto intatto. In molte nazioni occidentali, «copiare Pechino per fermare Pechino» è uno slogan non detto, ma applicato. In certi casi è inevitabile farlo: se Xi Jinping ha costruito per la Cina una posizione dominante nell'energia solare e nelle batterie per auto elettriche, ci è riuscito a furia di aiuti di Stato, sussidi politici, credito agevolato, favoritismi per i suoi campioni nazionali dell'industria pubblica. L'America di Biden si sente obbligata a ricorrere a pratiche simili, una politica industriale dirigista, per paura di soccombere. In Europa, diverse opinioni pubbliche chiedono sempre più Stato. I vari Recovery Fund, o gli aiuti erogati durante la pandemia, sono stati solo un antipasto rispetto a tutto quello che viene richiesto ai governi per proteggerci dalle avversità.

È una strada scivolosa. Se davvero la mano dello Stato dovesse tutelare tutti quanti da ogni shock avverso, i riflessi salutari dell'economia di mercato non funzionerebbero più. Chi ha le spalle abbastanza robuste per pagare le bollette pesanti – che sia un utente privato o un'azienda – dovrebbe farlo: è così che sarà spinto verso nuove soluzioni innovative, nuove tecnologie, nuovi metodi di risparmio energetico e sostenibilità. La parte più vitale dell'economia italiana – che sono le imprese – si è già rimboccata le maniche per trovare nuovi modelli di sopravvivenza e recuperare competitività malgrado il salasso micidiale delle bollette. Uno Stato-mamma troppo invadente addormenta i riflessi vitali di tutti. E non è che sia particolarmente efficiente: sono state proprio le scelte dei governi negli anni passati – governi di tutti i colori, letteralmente, e «tecnici» inclusi – ad aver fabbricato questo disastro energetico. L'Italia è il paese occidentale più vulnerabile alla tentazione statalista: per il suo debito pubblico già eccessivo; perché ha una burocrazia arrogante e invadente, ma inetta; perché una parte della sua popolazione ha introiettato l'assistenzialismo come unico orizzonte di vita.

Alle nostre fragilità Putin rispose in un suo celebre discorso descrivendo noi occidentali come «il miliardo dorato». Cioè il miliardo di abitanti della terra privilegiati, rammolliti dal benessere, moralmente decadenti. L'espressione ha una storia antica nella propaganda nazionalista russa. Si ricollega pure al linguaggio dei capi comunisti contro l'imperialismo e il neocolonialismo dei paesi capitalisti. Rispolverare quegli argomenti della guerra fredda ha un sapore cinico e ipocrita, ora che la Cina è il vero padrone dell'Africa e il Gruppo Wagner dei mercenari russi ha sostituito i reparti francesi per puntellare nuovi regimi militari a sud del

Sahel. Tant'è, l'immagine del «miliardo dorato» riscuote un certo successo tra quel vasto numero di paesi che ha resuscitato il «movimento dei non allineati» (anno di nascita 1955, nel cuore della guerra fredda). Quella maggioranza di governi asiatici, africani, latinoamericani che si rifiutano di aderire alle nostre sanzioni contro la Russia, che non stanno né di qua né di là, ha leader formatisi nelle università occidentali o russe o cinesi dove s'insegna il pensiero unico: che l'unico Impero del male è l'America, l'unica civiltà aggressiva è l'Occidente. Il fatto che Cina e Russia siano tuttora dei veri imperi coloniali, e la rinascita di imperialismi regionali come quelli ottomano, arabo, persiano, sono irrilevanti di fronte alla forza dell'immagine del «miliardo dorato». In realtà, come tenore di vita, il Golfo Persico, che accoglie a braccia aperte gli oligarchi russi, è più dorato di noi. Ma persino gli sceicchi del petrolio adorano manipolare la propaganda anticolonialista quando è funzionale ai propri interessi.

Troppi italiani ascoltano queste sirene antioccidentali. Una «orientalizzazione» del nostro paese dove ci porterebbe? Ci renderebbe al tempo stesso più esposti al lungo inverno che non risparmierà né Russia né Cina. Verremmo contagiati da sistemi politici la cui solidità è più apparente che reale. Saremmo irrimediabilmente condannati a un modello economico levantino-bizantino. Con l'illusione che i satrapi del nostro Stato siano più efficienti dell'economia di mercato.

I passaggi d'epoca, le grandi rotture storiche, si capiscono bene solo guardando a un triangolo fondamentale: energia, moneta, armi. Il passaggio dall'impero britannico all'egemonia americana nel Novecento coincise con la transizione dall'economia del carbone a quella del petrolio: l'Inghilterra aveva dominato la prima, gli Stati Uniti la seconda. La centralità della sterlina negli scambi mondiali fu sostituita da quella del dollaro. Le basi militari inglesi passarono sotto il controllo americano, dal Mediterraneo al Pacifico. Gli americani furono a lungo dominanti nella produzione di petrolio, tanto ne avevano a casa propria. Quando persero quell'autonomia si aprirono i turbolenti anni Settanta, il dollaro entrò in una fase d'instabilità trascinando tutte le monete, e i debiti della guerra del Vietnam divennero inflazione. L'Europa, spesso indecisa a tutto, passò da una dipendenza energetica (Nordafrica, Medio Oriente) a un'altra (Unione Sovietica). Ci mise trent'anni a creare l'euro per avere uno scudo contro l'instabilità monetaria, ma senza liberarsi veramente dalla supremazia del dollaro. Infine preferì vivere sotto l'ombrello protettivo delle forze armate Usa pensando di non pagare prezzi.

Con il XXI secolo l'America ha ritrovato l'autosufficienza energetica ed è tornata a essere la più grande produttrice di energie fossili combinate (gas + petrolio). Questo le consente di mantenere un ruolo di arbitro dei mercati mondiali dell'energia, senza che sia in discussione la sua capacità di approvvigionamento interna. La sua crisi finanziaria del 2008, paradossalmente, ha rafforzato la centralità del dollaro anziché indebolirla: nelle turbolenze gravi di quel periodo la Federal Reserve si confermò come «la banca centrale di tutte le banche centrali», prestatrice di ultima istanza. La guerra in Ucraina ha confermato il «bisogno di America» come *security provider*, fornitrice di sicurezza: perfino due paesi di antica tradizione neutrale come Finlandia e Svezia si sono gettati nelle braccia della Nato.

Siamo a un altro passaggio d'epoca, una transizione energetica, monetaria, militare dai contorni ancora incerti e i rischi altissimi. Paesi come Russia, Arabia Saudita, Iran hanno ascoltato i proclami ambientalisti dei governi occidentali e si sono detti che devono mettere a profitto quest'ultimo periodo di economia carbonica – non si sa quanto breve – per consolidare le loro sfere d'influenza geopolitica: prima che sia troppo tardi. Putin, se ha preso sul serio gli slogan sulla decarbonizzazione (e pur facendo la tara delle loro ingenuità), gioca una gara contro il cronometro della storia per capitalizzare la sua rendita energetica prima che si svaluti. La Cina incalza con un progetto alternativo. Essendo tuttora terribilmente dipendente dalle energie carboniche, inquinando più di America ed Europa messe insieme, Pechino guarda lontano e muove le sue pedine per un futuro in cui vuol essere la superpotenza leader di tutte le rinnovabili. Il cinismo dei dirigenti cinesi consente loro di usare i miti degli ambientalisti occidentali a proprio vantaggio, fino al momento in cui il cappio del monopolio cinese sulla sostenibilità si stringerà attorno al nostro collo.

Sugli altri due fattori del triangolo decisivo, l'ascesa della Cina è ancora lenta ma inequivocabile. In fatto di armamenti la corsa di Pechino punta al sorpasso degli Stati Uniti, che è già realtà in alcuni teatri strategici del Pacifico. In campo monetario, il dollaro continua a dominare, però i cinesi sperano che le sanzioni contro Mosca accelerino una «sdollarizzazione» nei paesi antioccidentali. Intanto le Nuove Vie della Seta hanno ridotto alla loro mercé diversi paesi in via di sviluppo dove scadono, una dopo l'altra, le cambiali dei prestiti cinesi. Armi, energia, finanza globale: l'Europa arranca in ritardo nel triangolo strategico. Ha le idee confuse. Ha più velleità che ambizioni. Ha il disarmo facile. E, con il disarmo, arriva la sottomissione. Il suo lungo inverno all'insegna delle tante scarsità è anche inverno della ragione.

New York, ottobre 2022

I

Piagnisteo italiano e austerity del passato/presente

«Abbassando i termostati nelle scuole i nostri bambini resteranno al freddo. Pagano sempre i più deboli.»

Questa frase l'ha detta una maestra di una scuola elementare di Rogoredo, un quartiere di Milano, intervistata dalla Rai. Non in occasione dei risparmi energetici decisi nell'autunno 2022 per fronteggiare le contro-sanzioni di Putin e la scarsità di gas russo. No, la mattina del 12 settembre 2022 ero ospite del talk show «Agorà», quando Rai 3 ha mandato in onda un replay di interviste degli anni Settanta, materiali d'archivio, risalenti all'epoca della Tv in bianco e nero. Il termostato abbassato nelle scuole, a cui si riferiva quella maestra intervistata dalla Rai mezzo secolo prima nella periferia milanese, era una delle misure imposte dalla nostra «austerity» originaria: subito dopo l'embargo petrolifero deciso nel 1973 dall'Opec, l'organizzazione dei paesi esportatori di petrolio.

All'epoca c'erano state le famose «domeniche a piedi». Quelle le ricordiamo bene, almeno i miei coetanei e i più anziani di me, perché colpirono la nostra immaginazione. Il paesaggio delle città italiane venne sconvolto nei weekend dal provvedimento per il risparmio di benzina: il traffico spariva, tutto si muoveva al rallentatore, la nostra vita sembrava regredire a ritmi premoderni. Ma non ci fu solo quella restrizione. Anche le regole sui riscaldamenti degli edifici pubblici vennero ritoccate. Questo l'avevo dimenticato. All'epoca mi ero trasferito in Italia (da Bruxelles), praticamente per la prima volta in vita mia. Mi ero iscritto alla Bocconi di Milano, studiavo economia. Di sicuro, anche noi studenti universitari fummo costretti a stare in aula con qualche maglione addosso, benché io abbia cancellato quel ricordo.

«I nostri bambini resteranno al freddo. Pagano sempre i più deboli.» La frase di quella maestra mi ha stupito perché contraddice una certa retorica nostalgica. Spesso ho sentito raccontare che negli anni Settanta noi eravamo più spartani, sopportavamo i sacrifici con animo stoico, senza lamentarci troppo. Ma è vero? Quello spezzone d'intervista, rimandato in onda dalla Rai mezzo secolo dopo, dimostra il contrario, e quindi distrugge un mito. La tendenza a piangerci addosso, a drammatizzare, era già ben presente nel costume italiano. Se io non ricordo più l'effetto-termostato che subii da diciottenne a Milano nell'inverno del 1973-1974, è perché evidentemente non fu una sofferenza indimenticabile.

Ecco i dettagli delle misure di austerity – incluse quelle che in mezzo secolo avevo dimenticato – rievocate di recente in un servizio del «Corriere della Sera», a firma di Carlotta De Leo (*Austerity, razionamenti e coprifuoco: le misure che l'Italia ha sperimentato 49 anni fa*, 22 agosto 2022):

> Era l'autunno del 1973 e alla casa dell'austerity c'era sempre una guerra: quella dello Yom Kippur tra Israele e parte del mondo arabo guidato da Egitto e Siria. L'Opec quadruplicò il prezzo del petrolio: il prezzo schizzò da 3 a 12 dollari al barile. I Paesi occidentali dovettero assumere misure di razionamento dell'energia. Il 23 novembre 1973, il governo Rumor fu costretto a varare il decreto austerity. E così, dai primi di dicembre 1973 e fino al 2 giugno del 1974, l'Italia che usciva dal Miracolo economico si risvegliò più

povera. Fu uno choc: domeniche senz'auto e poi a targhe alterne, la metà dei lampioni al buio in città, cinema chiusi alle 23 e insegne spente. Le misure adottate dal governo cambiarono la vita delle famiglie, anticipando gli orari della cena serale e del Tg1, diminuendo le gite fuori porta della domenica, anticipando gli orari di chiusura di uffici alle 17.30 e dei negozi alle 19. Nessuno fu escluso, rimasero appiedati anche i ministri e il presidente della Repubblica, tanto che Giovanni Leone per assistere alla cerimonia dell'Immacolata Concezione in piazza di Spagna usò una carrozza a cavalli tirata fuori dalle scuderie del Quirinale. Strade e autostrade nei weekend si svuotarono, in un clima surreale che il Paese ha rivissuto durante l'ondata di Covid. Potevano circolare solo i mezzi pubblici, di sicurezza e di soccorso, i medici e i parroci. Per tutti gli altri la multa era di un milione di lire. Gli italiani impararono a fare gite in autobus, taxi e treno: si videro anche vecchi carretti contadini per organizzare i picnic fuoriporta. Per risparmiare benzina, si abbassarono i limiti di velocità e i distributori venivano chiusi dalle 12 del sabato a tutta la domenica. Senza auto, gli italiani riscoprirono le due ruote. Ben 11 milioni di biciclette invasero vie e piazze del Paese insieme a risciò, pattini e velocipedi. Le città diventarono più buie: l'illuminazione pubblica fu tagliata del 40%, solo un lampione acceso su due. I bar e i ristoranti dovevano chiudere a mezzanotte, mentre cinema, teatri e balere dovevano spegnere tutto alle 23. Cambiamenti anche dentro le mura domestiche: i distributori di elettricità ridussero la tensione dalle 21 alle 7, limitando la possibilità di usare elettrodomestici. Il Tg1 anticipò la sua edizione (dalle 20.30 alle 20, orario mantenuto fino a oggi) e i programmi in tv potevano essere trasmessi fino al massimo alle 23. Per risparmiare sul riscaldamento, la temperatura negli edifici doveva essere al massimo a 20 gradi. L'inflazione schizzò fino al 12,5%. A marzo del 1974 l'embargo del petrolio terminò e un mese dopo la crisi energetica si allentò. Si passò dalle domeniche a piedi a quelle a targhe alterne. Ma quei pochi mesi d'inverno avevano cambiato il clima nel Paese che usciva dal Miracolo italiano degli anni Sessanta. Il clima di austerity lentamente cedette il passo al consumismo e ai «favolosi» anni Ottanta.

Confesso di provare spaesamento rivedendo quell'Italia che non esiste più, perfino gli aspetti più arcaici o retrogradi mi fanno quasi tenerezza talmente appaiono lontani: per esempio, i parroci esentati dal rispetto delle regole (avevamo ancora una religione di Stato!) ma il presidente della Repubblica in carrozza; il ruolo del Tg1 che dominava l'informazione in un regime di monopolio della televisione di Stato. A me era rimasto un altro ricordo sui privilegiati dell'epoca, in contrasto con il gesto «egualitario» del presidente della Repubblica: c'erano dei facoltosi industriali del Nord che pagavano tassisti perché sostassero in permanenza davanti al portone di casa loro, a propria disposizione esclusiva, per farsi scorrazzare a piacimento, in barba alle restrizioni che colpivano tutti gli altri. Oggi, per sottrarsi al destino delle masse, forse userebbero l'elicottero, o sarebbero espatriati a Dubai, o su un panfilo in acque extraterritoriali; allora quel taxi fermo col contatore acceso mi sembrò un lusso enorme.

Comunque, anche nella crisi energetica degli anni Settanta tradivamo una certa tendenza al melodramma, all'iperbole, all'esagerazione. Anticipare di mezz'ora il telegiornale, chiudere i cinema alle 23 e i ristoranti a mezzanotte non era proprio un gran sacrificio. Gli italiani hanno subìto di peggio durante la pandemia del 2020-2021. Pure il Covid-19 è stato piegato al costume italico: durante la pandemia prevalse il tono apocalittico: «Nulla sarà mai più come prima»; a conti fatti, l'impatto economico dei contagi e dei lockdown è stato assai meno disastroso. Il bilancio umano delle vittime resta tragico. Nessuno è morto di fame e di miseria, però. Tuttavia, non appena dalla pandemia siamo passati allo shock energetico, la narrazione ha ripreso gli stessi toni apocalittici. Ormai la fine del mondo viene preannunciata al popolo con una frequenza che ricorda quella delle targhe alterne negli anni Settanta, un giorno su due.

Non eravamo meno allarmisti mezzo secolo fa, dunque. La parola «austerity», che applicammo subito per descrivere quelle misure del 1973-1974, da dove veniva? Era stata usata nell'Inghilterra del dopoguerra. In un contesto ben più duro. L'ho ricostruito in passato, in un libro-spettacolo in cui parlavo di economia usando la storia e le canzoni dei Beatles, *All You Need Is Love*, quarant'anni dopo la nostra versione dell'austerity italica provocata dall'embargo petrolifero. Ne estraggo qui un passaggio:

> Oggi facciamo fatica a immaginare le condizioni di vita nell'Inghilterra del dopoguerra. Le ha descritte a perfezione il grande intellettuale inglese Tony Judt nel suo libro intitolato *Dopoguerra* (Mondadori). Nel 1945 la Gran Bretagna esce dalla seconda guerra mondiale stremata, dissanguata, incredibilmente più povera delle nazioni che ha sconfitto. Sì, certo, la Germania è un cumulo di macerie, e in certe zone dell'Italia meridionale si muore ancora di malaria. Ma né l'Italia mussoliniana né la Germania nazista hanno accumulato i debiti che Winston Churchill ha dovuto fare per finanziare lo sforzo bellico. Londra è insolvente, in uno stato di bancarotta non dichiarata ma reale. Ha perso un quarto della sua ricchezza nazionale. Gli aiuti americani del Piano Marshall, che altrove servono alla ricostruzione industriale, in Inghilterra devono essere usati esclusivamente per ripagare i debiti in dollari con gli Stati Uniti.
>
> Per onorare quei debiti il popolo inglese deve sottoporsi a restrizioni e penurie feroci. «L'orgogliosa e vittoriosa Gran Bretagna» scrive Judt «sembrava in qualche modo più povera, lugubre e triste di tutti i paesi sconfitti, occupati e saccheggiati al di là della Manica. Tutto era razionato, limitato e controllato.»

Simbolo di quell'atmosfera è la Londra dipinta da un altro scrittore britannico, Cyril Connolly: nulla che lasci presagire la Swinging London creativa e cool di Carnaby Street, che avrebbe portato i Beatles in trionfo in un delirio isterico di ragazzine sull'orlo dell'orgasmo. Negli anni Cinquanta, Connolly descrive Londra come «la più vasta, triste e sporca di tutte le grandi città, con le sue lunghe miglia di case spoglie, mezze disabitate, le sue rosticcerie prive di carne da arrostire, i suoi pub senza birra».

È l'età dell'austerity, quella vera. Tra la fine della guerra e l'inizio degli anni Cinquanta, ricorda Judt, «quasi ogni cosa era razionata o semplicemente non disponibile: carne, zucchero, vestiti, automobili, benzina, viaggi all'estero, persino le caramelle. Il razionamento del pane, mai imposto durante la guerra, fu introdotto nel 1946 e abolito soltanto nel luglio 1948. ... Il razionamento del cibo fu definitivamente abolito soltanto nel 1954. ... L'atmosfera che si respirava nelle strade delle città sarebbe stata piuttosto familiare ai cittadini del blocco sovietico; come ha ben detto una casalinga: "Ci si metteva in coda per qualsiasi cosa ... anche se non sapevi perché la stavi facendo ... ti mettevi in coda perché sapevi che alla fine di essa c'era qualcosa di cui avevi bisogno"».

Quelle generazioni di inglesi – i coetanei dei Beatles e i loro genitori – dopo avere patito la guerra (10 milioni di inglesi sotto le armi su una popolazione adulta lavorativa di 21 milioni) si dimostrano incredibilmente pazienti e tolleranti verso le privazioni del dopoguerra, in parte perché, scrive Judt, «convinti che, almeno sino a un certo punto, erano condivise equamente». Ed era vero. Anche se la Gran Bretagna rimaneva una società classista, perfino deferente verso la sua aristocrazia, tuttavia la ricchezza e il reddito erano stati redistribuiti con una fiscalità progressiva che oggi sembrerebbe da esproprio. La quota del patrimonio nazionale detenuta dall'1 per cento dei più ricchi era scesa brutalmente, dal 56 per cento del 1938 al 43 per cento nel 1954. Attenzione: il 13 per cento di ricchezza nazionale redistribuita dall'alto verso il basso è un'operazione «livellatrice» di rara potenza. E questa operazione di giustizia nella ripartizione dei sacrifici viene compiuta in un'Inghilterra liberaldemocratica, capitalista, con un'economia di mercato; un particolare che va ricordato, oggi, a chi vuole convincerci che le diseguaglianze sono connaturate al mercato, incurabili, salvo precipitare in una dittatura comunista.

Questo non impedisce che nel primo biennio del dopoguerra 150.000 inglesi siano costretti a emigrare in Canada, Australia e Nuova Zelanda per fuggire dalla povertà estrema del loro paese.

E i giovani? Il romanziere David Lodge (cinque anni più anziano di John Lennon) descrive la sua generazione adolescente nel dopoguerra come una gioventù «prudente, senza pretese, lieta per le piccole cose che aveva e con modeste ambizioni». Che differenza, rispetto all'esplosione di ribellismo e giovanilismo e narcisismo di pochi anni dopo.

La cultura degli anni Cinquanta, che rievocavo in quel passaggio, l'abbiamo cancellata. Era quella dei miei genitori e dei miei nonni, educati alla dura scuola della guerra mondiale, come tutte le loro generazioni. Al confronto con la guerra, ogni sacrificio gli sembrava lieve, sopportabile; lamentarsi era disdicevole. Le generazioni dei miei genitori e nonni ebbero lo stesso stoicismo dei loro coetanei inglesi. È l'atteggiamento che consentì all'Italia il miracolo della ricostruzione post-bellica, un exploit di cui oggi ci siamo disamorati perché demonizziamo lo sviluppo economico, associandolo solo a catastrofi ambientali. Nella mia generazione, e in tutte quelle successive, ha prevalso di gran lunga la cultura degli anni Sessanta, imperniata sul narcisismo individuale. La nostra soglia di tolleranza al dolore, di sopportazione delle privazioni, si è abbassata paurosamente. Perciò, negli anni Settanta definimmo «austerity», con prosopopea, un insieme di misure che non erano paragonabili alla durezza delle privazioni inglesi negli anni Quaranta e Cinquanta.

Ogni crisi per noi diventa un'Apocalisse. Abbiamo perduto a tal punto il senso delle proporzioni che neppure le immagini dei bombardamenti in Ucraina e delle stragi di innocenti in quel paese sono servite come un richiamo alla realtà. A giudicare dai toni usati nei talk show italiani per parlare del rincaro delle bollette elettriche, sembrava che i bombardamenti avessero raso al suolo Roma e Milano. Gli interventi dello Stato per attutire l'impatto della nuova crisi energetica non sono mai sufficienti. «Pagano sempre i più deboli», frase ripetuta all'infinito, ha un sottinteso: siamo tutti deboli.

E i bambini delle classi elementari di Rogoredo di cui parlava quella maestra? Oggi, se l'aritmetica non mi tradisce, sono dei giovani sessantenni: quindi dopo quella presunta austerity hanno vissuto in un'Italia dove benessere e salute hanno continuato a migliorare, come si vede dall'indicatore più affidabile che è il prolungamento della longevità media. Quei «poveri bambini» esposti al rigido inverno in realtà sono cresciuti in un paese piuttosto ricco, che da allora ha visto migliorare tutti gli indicatori di progresso.

Le due crisi energetiche del 1973 e del 1979 non furono l'inizio dell'Apocalisse. Ma in mezzo a noi, anche allora, allignavano i vizi del vittimismo, dell'autocommiserazione, dell'allarmismo. Insieme con altre patologie. Gli anni Settanta non furono certo facili. Al contrario, videro esplodere un «male italiano», che in parte aveva delle analogie con molti paesi occidentali, ma si manifestava quasi sempre in forme più acute: dagli scioperi continui ad altre forme di conflittualità sociale, fino al terrorismo; dall'inflazione galoppante alla prima esplosione di debito pubblico.

Il terrorismo allora colpì anche Stati Uniti (Black Panthers, Weathermen), Germania (Rote Armee Fraktion) e Francia (Action Directe); l'inflazione fu mondiale perché era il risultato del brutale rincaro dell'energia e di altre macrocause (guerra del Vietnam, disordine monetario); la rincorsa salariale e la conflittualità sindacale erano forti anche in America e nel resto d'Europa. In Italia, però, tutto avveniva in forme estreme: dal bilancio sanguinoso degli attentati, molto più frequenti che nel resto dell'Occidente, fino all'uccisione del leader del principale partito politico (Aldo Moro) e della sua scorta. Solo nel quinquennio 1975-1979 i morti per agguati terroristici furono quasi cento, i feriti molte centinaia.

Se gli anni Settanta furono la prima era della scarsità agli occhi delle generazioni nate nel dopoguerra, quella prova non fu superata in modo indolore. Lasciò traumi profondi, in parte mai guariti. Non voglio affermare che vi fosse un nesso causa-effetto tra penuria di energia da una parte, disordini, instabilità politica e violenza dall'altra. Sarebbe falso. Molte tensioni sociali in Italia erano già esplose con l'autunno caldo del 1969, la stagione degli scioperi era antecedente alla crisi petrolifera del 1973. Anche l'inflazione mondiale era cominciata prima. Tra le tante cause ho citato la guerra del Vietnam, l'aumento della spesa militare americana finanziata con deficit pubblico, le svalutazioni del dollaro che misero fine all'ordine dei «cambi fissi» tra le monete inaugurato nel 1944 al vertice di Bretton Woods.

Le analogie con l'epoca attuale abbondano. Anche oggi dobbiamo evitare di appiattire tutto sui due eventi recenti che ci hanno impressionato maggiormente: la pandemia e la guerra in Ucraina con il suo corredo di sanzioni economiche. Anche oggi la storia è più complicata. L'inflazione energetica è cominciata vent'anni prima dei tagli di Putin alle forniture di gas. La sovrabbondante creazione di moneta da parte delle banche centrali risale al crac finanziario del 2008. Dobbiamo rimettere in ordine tutti i tasselli di un mosaico molto grande per capire l'epoca in cui viviamo.

Tornare agli anni Settanta è un esercizio utile. Ne riassumo alcuni tratti attingendo anche alla ricostruzione fatta da un economista della Banca d'Italia, Marco Magnani, nella sua biografia di Michele Sindona (*Sindona. Biografia degli anni Settanta*, Einaudi, 2016), intrigante bancarottiere che fu una figura emblematica di quel periodo. Lascio da parte la vicenda di Sindona per concentrarmi sul grande scenario economico e sociale di quell'Italia.

La premessa per capire gli anni Settanta degli italiani è il triplice fallimento dei tre protagonisti del miracolo economico negli anni Cinquanta e Sessanta: imprese, lavoratori, Stato. La classe di governo era stata incapace di costruire uno Stato moderno, una pubblica amministrazione efficiente, all'altezza di un paese letteralmente «in via di sviluppo» che stava arrampicandosi nel club delle potenze industriali (questa mancata modernizzazione è la grande differenza tra il miracolo italiano e quello giapponese, successivamente coreano, taiwanese, singaporiano). Si erano create così le premesse per le patologie italiane: dalla corruzione al clientelismo e all'assistenzialismo. La classe capitalistica, da parte sua, non aveva usato una manna piovuta dal cielo come gli extraprofitti della ricostruzione e poi i ricchi indennizzi della nazionalizzazione elettrica per investire in settori avanzati. Infine la classe operaia, sotto la guida egemone del Partito comunista e della Cgil, aveva scelto un modello di relazioni industriali antagonista, non consociativo e partecipativo come quello tedesco; questa scelta, a sua volta, alimentava le paure della borghesia italiana su rivoluzioni ed espropri, e le fughe di capitali all'estero.

I primi anni Sessanta furono segnati dalle nostre occasioni sprecate: il fallimento della programmazione economica «soft» sognata da alcuni riformisti moderati; l'impossibilità di una politica dei redditi che pacificasse la suddivisione dei benefici della crescita tra profitti e salari. Le conseguenze di quegli errori esplosero con l'autunno caldo, ben quattro anni prima dello shock energetico: nel 1969 le prime ondate di scioperi paralizzarono l'industria, i salari aumentarono di un terzo, l'inflazione si avvicinò al 30 per cento annuo. Le rivendicazioni sindacali erano in aumento ovunque, dagli Stati Uniti all'Inghilterra, dalla Francia alla Germania, ma in Italia battevano tutti i record. Le giustificazioni c'erano, da parte della sinistra: il capitalismo italiano era più arretrato che nel resto dell'Occidente, quindi più sfruttatore; la condizione operaia partiva da livelli inferiori sia per i salari sia per altri diritti e tutele. Scrive Magnani: «Vi si accompagnarono nelle grandi fabbriche episodi di conflittualità – non privi a tratti di forme di luddismo da parte soprattutto di giovani operai immigrati meridionali – che non erano più stati sperimentati dal "Biennio Rosso" seguito al primo conflitto mondiale, quando per un attimo la rivoluzione socialista parve ipotesi concreta. Agli imprenditori venne sottratto il pieno controllo del processo produttivo nelle grandi fabbriche».

Conservo un ricordo personale e preciso di quel clima nelle fabbriche italiane, che proseguì fino al decennio successivo e oltre. Nel 1979 lavoravo come redattore economico-sindacale a «Rinascita», il settimanale del Partito comunista. Fui inviato a Torino a indagare su un grave episodio: il licenziamento di 61 operai della Fiat, accusati di violenze e complicità con il terrorismo, da parte della direzione aziendale. Il primo riflesso del Pci e della Cgil era stato quello di difendere i 61 licenziati come vittime di un'ingiustizia, e accusare la Fiat di sopraffazione. Ma quando arrivai sul luogo e cominciai a intervistare tanti operai di sinistra scoprii che il primo riflesso dei nostri dirigenti era stato sbagliato. Molti lavoratori comunisti della Fiat mi dissero apertamente che il management aveva ragione, e descrissero i licenziati come violenti, pericolosi. Sentii raccontare di un clima all'interno delle fabbriche ormai al limite dell'anarchia: capi reparto insultati, aggrediti, minacciati.

Alcuni gruppi di operai praticavano con frequenza il cosiddetto «esproprio proletario», cioè il furto di materiali di proprietà dell'azienda. Il teppismo e la delinquenza comune erano spacciati come forme di lotta di classe. I contatti tra questi estremisti e le bande terroristiche erano reali; i criminali che preparavano attentati contro i dirigenti Fiat (o contro gli stessi operai comunisti) avevano degli informatori all'interno delle fabbriche.

Una parte rilevante di queste violenze era opera di immigrati meridionali che avevano portato con sé un'eredità culturale di ribellismo plebeo, cultura anti-industriale, ostilità allo Stato e alle istituzioni repubblicane. Mascheravano con il linguaggio del marxismo e della lotta di classe pratiche ancestrali di banditismo e camorrismo. Per loro, l'impresa non poteva essere riformata, perché ogni forma di capitalismo era sinonimo di sfruttamento criminale. La loro era una cultura antimoderna, la cui vittoria avrebbe condannato l'Italia a rimanere un paese sottosviluppato per sempre, ma della quale non si sono mai perse le tracce, neanche mezzo secolo dopo. Tanto più che importanti élite intellettuali simpatizzavano con gli estremisti, terroristi inclusi, e molti di quei *maîtres à penser* hanno continuato a esercitare un'influenza enorme nel mondo dei media. La realtà inquietante che io descrivevo nei miei articoli, intervistando la base operaia comunista dentro i reparti Fiat di Mirafiori e del Lingotto, qualche alto dirigente del Pci, come Giorgio Amendola, la denunciava ad alta voce. Era già troppo tardi. Quel clima di violenza e intimidazione durava da anni. Nel frattempo si era allungato l'elenco dei morti ammazzati dalle Brigate rosse e altre formazioni terroristiche.

Le crisi energetiche di quel decennio, dunque, si erano abbattute su un'economia italiana già indebolita per conto suo: inflazione, fughe di capitali all'estero, svalutazioni della lira, aumento del debito pubblico non avevano come unica causa l'embargo degli sceicchi arabi sulle forniture di petrolio. Proprio come nel caso di Putin nel 2022, anche gli shock energetici degli anni Settanta videro la convergenza tra un nemico esterno e patologie interne. Il 1975 fu un anno chiave: la prima recessione dal dopoguerra, la fine ufficiale del miracolo italiano sancita dalle statistiche. Il caro-petrolio non ne era l'unica causa.

Elencando le varie risposte del sistema politico italiano, non mancano le analogie tra gli anni Settanta e oggi. L'assenza di un senso del comune interesse nazionale, e di un senso dello Stato che unisse maggioranza e opposizione, fece sì che l'unico modo per non scivolare verso il caos fosse di placare diverse constituency e lobby con elargizioni di denaro pubblico. Il debito statale cominciò proprio allora la sua ascesa, dal 40 per cento del Pil negli anni Sessanta al 60 per cento negli anni Settanta (che significa un aumento del 50 per cento).

Era all'opera la stessa cultura che di recente ha generato il reddito di cittadinanza e tanti altri bonus, decreti aiuti, ecc.: lo Stato-pagatore, come macchina per costruire forme di consenso sociale, in sostituzione di un dinamismo privato a cui molte forze politiche e culturali guardano con diffidenza. Anche oggi, come allora, per una parte della società italiana l'economia di mercato e l'imprenditorialità privata sono il demonio; mentre la società giusta e ideale è quella in cui siamo tutti stipendiati (poco) dallo Stato. In un curioso aneddoto della campagna elettorale dell'autunno 2022, una giovanissima candidata ha auspicato che ci si liberi per sempre dal malsano pregiudizio per cui la nostra vocazione umana si realizza con il lavoro. Questo è coerente con un certo tipo di ambientalismo, adolescenziale e apocalittico: la fine del mondo verrebbe scongiurata se ce ne stessimo tutti a contemplare il paesaggio senza faticare, in attesa di un assegno mensile dallo Stato. Finanziato come, non si sa bene. Forse da quegli avari dei tedeschi e degli olandesi.

Negli anni Settanta cominciò la costruzione di un welfare all'italiana: «Aumentando il debito, piuttosto che redistribuendo le risorse» ricorda l'economista Magnani. Seguì la creazione di nuove istituzioni come le Regioni, dotate subito di una capacità di spesa ma di pochissima responsabilità fiscale. Nacque anche il nuovo sindacalismo selvaggio, parcellizzato e iperconflittuale, nel pubblico impiego e in varie lobby. Lo Stato spendeva sempre di più, per tacitare tutti e comprare il consenso delle corporazioni, incluse le varie associazioni confindustriali. Incapaci di approdare a quelle forme di cogestione partecipativa che sostenevano l'industria tedesca, padroni e sindacati in Italia si trovavano d'accordo nell'esigere aiuti di Stato. E questo esaltava il ruolo della burocrazia. Come scrisse il politologo Pietro Scoppola: «Le imprese sono state pronte a chiedere la socializzazione delle perdite, favorite in questo dai sindacati in lotta contro i licenziamenti e dalla cultura cattolico-sociale. Uno sterminato esercito di statali si è sindacalizzato, si è assicurato spazi di libertà e di impunità che hanno consentito un secondo lavoro, ha cercato benessere e consumi ma fuori di ogni logica di responsabilità e rischio. Si sono creati circuiti di consenso e di potere che hanno coinvolto maggioranza e opposizione, sindacati, partiti politici e istituzioni, in un sistema sempre più corporativo e consociativo».

La deresponsabilizzazione degli attori sociali si è sposata con il narcisismo individualista, con la cultura dell'Ego sbocciata negli anni Sessanta. «Per molti giovani il principio di realtà è stato detronizzato e la linea di demarcazione con il principio di piacere è divenuta labile» (Remo Bodei, *Il noi diviso. Ethos e idee dell'Italia repubblicana*, Einaudi, 1998). Analizzando le costanti nei codici di comportamento giovanili degli anni Settanta, Silvio Lanaro elencava «un acuto senso di irresponsabilità, l'idea che si può predicare senza agire e agire senza predicare, che nessuno paga mai per nulla, che non si deve rendere conto a nessuno del proprio operato» (*Storia dell'Italia repubblicana: l'economia, la politica, la cultura, la società dal dopoguerra agli anni '90*, Marsilio, 1994). Il senso dello Stato, già minimo in vari strati della popolazione (inclusa la grande borghesia capitalistica), scese così in basso da agevolare la diffusione del terrorismo, e il potenziamento della grande criminalità organizzata. La cultura delle regole, il rispetto della legalità repubblicana, venivano corrosi dall'alto e dal basso, dai privilegiati e da un popolo anarcoide.

È questo «il contesto» che non va perso di vista quando si ricostruisce il duplice shock energetico del 1973 e del 1979. I traumi «esogeni», venuti da fuori, colgono certi paesi più impreparati e più fragili di altri, perché già fiaccati da mali interni. Lo stesso si è visto con la doppietta malefica pandemia-Ucraina, o lockdown-sanzioni, a cui tendiamo ad attribuire tutto ciò che sta andando storto. Mentre deploriamo una nuova austerity e lamentiamo una nuova era della scarsità, tendiamo a ignorare le nostre fragilità preesistenti.

Il termine «austerity», non per caso coniato da un'Inghilterra che ne dava ben altra accezione, ebbe poi un sorprendente revival italiano a opera di Enrico Berlinguer. Il leader comunista della mia giovinezza ne fece il concetto centrale in un importante convegno, tenuto al teatro Eliseo di Roma nel 1977. Quindi, a metà strada fra il primo e il secondo shock petrolifero, nel bel mezzo del marasma chiamato «stagflazione»: stagnazione della crescita, inflazione dei prezzi e del costo del denaro. Berlinguer sapeva che l'austerity era nata come un concetto conservatore in Gran Bretagna, mentre lui voleva darne una versione progressista. La sua era intrisa di un ambientalismo ante litteram, in polemica contro «sprechi e sperperi del consumismo». C'era qualcosa di visionario, persino profetico, in mezzo a un mucchio di ambiguità. Di sicuro Berlinguer era in anticipo sui tempi nel cogliere l'importanza della questione ambientale. Però si avvicinava pericolosamente a un pensiero pauperistico, ostile al progresso e allo sviluppo economico: quello che mezzo secolo dopo ci avrebbe regalato Greta Thunberg (ma che era già stato di Jean-Jacques Rousseau e dei romantici tedeschi nel Settecento, di Thomas Robert Malthus nell'Ottocento).

L'idea di abbracciare uno stile di vita francescano, unita con quella di un «governo mondiale dell'economia», non era solo irrealistica: era errata. Altrove in quegli anni – per esempio in California – era proprio grazie allo sviluppo economico che stavano decollando i primi progressi delle energie rinnovabili. Vivere francescanamente, per di più sotto le direttive di un «governo mondiale», evocava purtroppo la miseria forzata a cui erano ancora sottoposti 800 milioni di cinesi oppressi da Mao Zedong. Dalle crisi multiple degli anni Settanta saremmo usciti invece con la «Milano da bere» del socialista Bettino Craxi e tutti gli eccessi edonistici degli anni Ottanta, corruzione inclusa. Però il moralista Berlinguer aveva sbagliato analisi, sia sull'economia di mercato sia sull'animo degli italiani.

Oggi in Italia ripetiamo – senza il terrorismo, per fortuna – alcuni schemi degli anni Settanta. Alla sindrome della fine del mondo dietro l'angolo aggiungiamo un'ancestrale diffidenza verso l'economia di mercato, il ruolo dell'imprenditorialità privata, le sue capacità di risolvere problemi. Con il risultato che, alle varie scarsità già acute in tanti campi, aggiungiamo una fuga dei cervelli aggravata dall'ostilità del territorio italiano verso chi ha talenti imprenditoriali e attitudine al rischio. Quand'anche riconosciamo alcuni errori commessi in passato, ci rifiutiamo di vederli ripetuti nel presente.

Un esempio è contenuto in un mio scambio di e-mail con un lettore del «Corriere della Sera», di cui rispetto l'anonimato. La data è metà settembre 2022. Lo spunto di partenza, il mio primo commento sulla «maestra di Rogoredo», e i poveri bambini del 1973 sottoposti alla tortura del termostato abbassato. Ecco cosa mi ha scritto il lettore:

> Concordo che quell'intervista testimonia l'abitudine nazionale di piangerci addosso e aggiungerei quella di invocare il «salvatore» capace di tirarci fuori dai guai senza le inevitabili conseguenze negative che qualunque soluzione comporterebbe. Ma ora il quadro risulta ancora più drammatico di allora perché è diventato evidente quello che allora era solo un sospetto: il bambino del 2022 non si ammalerà in classe per un grado in meno ma è destinato a vivere in un mondo sconvolto da cambiamenti climatici irreversibili che porteranno conseguenze devastanti per lui e per le generazioni future. E qui ci sono due possibili forme di reazione: piangiamoci addosso e invochiamo chi ci illuderà che in fondo si può vivere bene anche con tre gradi in più nelle temperature medie globali oppure decidiamoci a spingere decisamente verso la decarbonizzazione utilizzando tutte le risorse che abbiamo e preparandoci anche a tutte le conseguenze negative che troveremo lungo questo percorso.

Ci risiamo. L'Apocalisse del 1973 non si è mai realizzata. La prossima è una certezza.

II

I veri effetti delle sanzioni

Un regime autoritario lancia una guerra feroce contro una nazione sovrana. La comunità internazionale vara sanzioni economiche contro l'aggressore per infliggergli una penuria che lo metta in ginocchio, ma non riesce a fermarlo. Perché? Le sanzioni sono un'arma inefficace? Oppure il fiasco è dovuto al fatto che il castigo è stato applicato in modo parziale, essendo intervenuti troppi interessi a limitare l'embargo? Questo dibattito non nasce con la guerra russo-ucraina del 2022, ma con l'invasione italiana dell'Abissinia (Etiopia) nel 1935. Lo ricorda uno storico olandese, Nicholas Mulder, docente negli Stati Uniti alla Cornell University di Ithaca, New York. Il suo saggio *The Economic Weapon* ricostruisce la storia delle sanzioni economiche e ne esplora i limiti.

L'idea di fare la guerra con mezzi economici è antica quanto l'umanità. Perlomeno da quando l'assedio è una delle tecniche belliche: tra i suoi scopi c'è lo strangolamento economico del nemico. La scarsità di beni essenziali è stata usata da sempre come arma di pressione per sfinire il nemico e costringerlo alla resa. Possiamo trovarne delle varianti nelle guerre greco-persiane, in quelle puniche tra Roma e Cartagine, o nel trattato bellico del grande stratega cinese Sun Tzu, che equipara il conflitto militare a un'arte. La parola «embargo», che oggi usiamo come sinonimo di sanzioni commerciali, entra nell'uso della lingua spagnola nel XVI secolo, dal tardo latino *imbarricare*, cioè restringere con barriere: si riferisce, in particolare, al blocco imposto alle navi mercantili. In epoca moderna, un'applicazione fu fatta dall'Inghilterra e da Napoleone con sanzioni economiche incrociate. Gli inglesi decisero di applicare il blocco navale dei porti francesi dal 16 maggio 1806. La risposta di Napoleone fu il «blocco continentale» emanato contro l'Inghilterra nel decreto di Berlino del 21 novembre 1806. Gli uni e gli altri riuscirono ad aggirare in parte le sanzioni, che non furono risolutive per le sorti del conflitto. Già allora era chiaro che le sanzioni non sono quasi mai «a tenuta stagna», e che l'arma della scarsità non è invincibile.

Mulder si concentra su una storia più recente, quella delle sanzioni multilaterali, applicate non da una sola potenza ma da una vasta coalizione. Quando nasce la speranza che la pressione economica possa sostituirsi alla guerra? È figlia dell'idealismo che ispira la Società delle Nazioni, organismo multilaterale che prefigura le odierne Nazioni Unite, voluto dal presidente democratico americano Woodrow Wilson, dopo la Grande Guerra, per impedire il ripetersi di una simile deflagrazione. Quindi le sanzioni economiche nell'accezione contemporanea (come punizioni decise da una comunità di nazioni) hanno compiuto cent'anni. Le potenze vincitrici della Grande Guerra – Stati Uniti, Gran Bretagna, Francia e Italia – escogitano questo deterrente contro i trasgressori del nuovo ordine internazionale: un arsenale di misure economiche da applicare congiuntamente. L'uso collettivo delle sanzioni viene inserito all'articolo 16 della carta della Società delle Nazioni. Se uno Stato aggredisce un'altra nazione, i membri della Società devono interrompere ogni relazione commerciale e finanziaria con il colpevole. Prima ancora che le sanzioni entrino in vigore, chi le ha ideate spera che l'esistenza stessa di questa minaccia sia abbastanza dissuasiva da prevenire ogni futuro conflitto.

Così, un secolo fa, insieme al Trattato di Versailles (1919) che mette fine alla prima guerra mondiale, nasce una teoria della deterrenza economica. Subito si affaccia una controteoria, legata alle clausole di Versailles: il timore che un eccesso di sanzioni inflitte ex post alla Germania alimenti un revanscismo foriero di future catastrofi. Americani e inglesi, a Versailles, hanno dubbi sulla sostenibilità degli indennizzi imposti alla Germania, ma i francesi tengono duro.

La credibilità delle sanzioni riceve un primo colpo quando negli Stati Uniti prevale l'isolazionismo dei repubblicani del neopresidente Warren Harding e Washington decide di non aderire alla Società delle Nazioni. Negli anni Venti del secolo scorso gli Usa sono già la prima economia mondiale, e si ritirano a casa propria.

Mulder ricorda qualche esempio minore in cui la minaccia delle sanzioni ha un effetto deterrente contro Stati piccoli e deboli, come Iugoslavia e Grecia. Il fiasco arriva al momento di applicarle a una delle potenze fondatrici della Società delle Nazioni, l'Italia. La decisione di Benito Mussolini di lanciarsi alla conquista dell'Abissinia fa scattare quelle che lui definisce «le inique sanzioni». Nella propaganda fascista sono «l'assedio societario», con riferimento alla delibera della Società delle Nazioni dell'ottobre 1935. L'impatto economico è pesante, i disagi per la popolazione italiana sono reali, ma senza un effetto dissuasivo sulle operazioni militari. Perché lo strumento è inadatto? O, al contrario, perché non viene applicato in modo abbastanza rigoroso? Le eccezioni nel 1935 sono vistose. L'embargo sulle forniture di petrolio all'Italia non viene adottato perché inglesi e francesi non vogliono mettersi contro l'industria petrolifera americana. In quanto all'idea di chiudere il canale di Suez alle navi italiane, bloccando così la rotta più breve verso l'Abissinia, viene respinta da Londra, che non vuole venir meno al principio della libertà di navigazione, protetta da leggi internazionali e sacra per un impero marittimo.

Il caso successivo di sanzioni è considerato da alcuni peggio che un fiasco, un boomerang. Nel luglio 1941 Franklin Delano Roosevelt costruisce una coalizione di nazioni occidentali che decreta un inasprimento dell'embargo petrolifero contro il Giappone, già sancito nel settembre 1940, per castigarne le aggressioni in Asia. Sarà proprio quello strangolamento energetico a spingere Tokyo verso l'attacco a Pearl Harbor nel dicembre di quell'anno? È una tesi diffusa. Contro la quale, però, esistono obiezioni fondate. L'accesso limitato alle materie prime era già una motivazione dell'espansionismo giapponese molto prima di quell'embargo. E le sanzioni economiche contro Tokyo arrivano con dieci anni di ritardo visto che la prima aggressione nipponica risale all'invasione della Manciuria nel 1931.

Mulder ricostruisce anche il ruolo delle «armi economiche positive» nello svolgimento della seconda guerra mondiale. Se le sanzioni sono state inefficaci per prevenire conflitti, in compenso l'economia si rivela decisiva per vincerli. Tutto comincia con il Lend-Lease Act (Legge presta-affitta) varato da Roosevelt prima ancora di entrare in guerra, per accelerare le forniture di armi made in Usa a Londra: una legge che Joe Biden ha riesumato ultimamente per sostenere l'Ucraina. La superiorità produttiva dell'industria americana fa la differenza in tutta la seconda guerra mondiale, fino a consentirle di fornire generosi aiuti militari anche all'Armata rossa sovietica. Se Mulder non si fermasse al 1945, un capitolo aggiuntivo dovrebbe includere il Piano Marshall per la ricostruzione dell'Europa come il non plus ultra della sanzione economica positiva. Già al vertice di Bretton Woods nel 1944, Roosevelt ha prefigurato un nuovo ordine internazionale in cui la pace andava favorita con la diffusione della prosperità. È uno dei pilastri della *pax americana*, che coopterà persino la Cina dentro l'architettura della globalizzazione economica a partire dagli anni Novanta.

Tre quarti di secolo dal dopoguerra hanno arricchito la casistica delle sanzioni. Sono state usate anche dagli altri contro di noi. L'esempio più importante è l'embargo petrolifero decretato dal cartello dell'Opec nel 1973, quando i paesi arabi vogliono castigare le nazioni occidentali che hanno appoggiato Israele nella guerra dello Yom Kippur: segna l'inizio della nostra stagflazione. Più di recente, la Cina fa un uso chirurgico e spietato delle sue sanzioni economiche, per colpire paesi che hanno preso posizioni politiche sgradite a Pechino: negli ultimi anni ne hanno già fatto le spese Australia, Filippine, Norvegia, Lituania, quest'ultima per la sua vicinanza politica e commerciale alla mai riconosciuta Taiwan.

Il dubbio che le sanzioni facciano più male a chi le applica che a chi le subisce fu discusso tra europei e americani in un episodio che è stato dimenticato. Negli anni Ottanta il presidente repubblicano Ronald Reagan tentò di dissuadere gli europei dal costruire oleodotti e gasdotti con l'Unione Sovietica e applicò sanzioni contro le aziende coinvolte. La Germania, ma anche il Regno Unito della conservatrice Margaret Thatcher, non ne vollero sapere e convinsero Reagan a eliminare quelle misure. Da allora l'Europa ha continuato a rafforzare i suoi legami di dipendenza da Mosca, con il risultato che le sanzioni del 2022 sono risultate ambivalenti. Una stima dello stesso Mulder indica che l'insieme dei beni russi sequestrati in Occidente a fine aprile 2022 valeva 640 miliardi di dollari; a fronte dei quali, secondo lui, ci sono 566 miliardi di dollari di investimenti occidentali in Russia suscettibili di sequestro, nazionalizzazione, o svalorizzazione.

Lo storico britannico Paul Kennedy ha una lezione generale in proposito: «Le sanzioni non funzionano quando nel cordone dell'embargo ci sono varchi che permettono di aggirarle. Né funzionano se un'altra superpotenza si fa avanti per vanificarle, offrendo il proprio sostegno al paese in castigo, come fecero già in passato Cina e Russia con Iran e Corea del Nord».

Nel 2022 un'inchiesta del «Wall Street Journal» ha ricostruito il modo in cui sopravvive un altro Stato-paria sottoposto a sanzioni pesanti e prolungate: l'Iran. Avendovi io stesso viaggiato a lungo nel 2018, quando già il regime delle sanzioni americane era in vigore da tempo, ricordo gli innumerevoli disagi nella vita quotidiana della popolazione. Tanti prodotti stranieri erano introvabili a Teheran e nelle città di provincia. Il cambio di valuta avveniva soprattutto al mercato nero, in un contesto di forte svalutazione e inflazione. Le comunicazioni con l'estero erano ostacolate, a tal punto che per un turista italiano fare un bonifico per pagare un hotel o un'agenzia viaggi era quasi impossibile. Eppure il regime reggeva, e regge ancora oggi. Inefficiente e corrotto fino al midollo, ma politicamente abbastanza solido, anche grazie a un apparato repressivo feroce. La massa degli iraniani ai tempi del mio viaggio soffriva (e soffre tuttora) per le sanzioni, ma almeno i più poveri venivano aiutati da qualche forma di assistenzialismo islamico, gestito dalla macchina di potere dei pasdaran. A loro volta arricchiti con vari traffici legati al mercato nero.

A monte di questa economia, malata ma non al punto da minacciare la stabilità del regime, c'è la ragnatela di transazioni segrete tessuta all'estero. Secondo la dettagliata ricostruzione del «Wall Street Journal», «l'Iran ha stabilito un sistema bancario e finanziario clandestino, per gestire decine di miliardi di dollari di commercio estero, proibito dalle sanzioni occidentali. Questo sistema ha consentito a Teheran di sopportare l'assedio economico e di conservare un potere negoziale anche sul dossier nucleare. Il sistema include conti presso banche straniere, compagnie-ombra con sedi sociali e nazionalità estere, società che coordinano il commercio vietato, coordinate da una *clearing house* (camera di compensazione) all'interno dell'Iran. Così il paese ha resistito alle pressioni di diverse amministrazioni americane».

Si tratta di una finanza parallela, un sistema bancario clandestino ma appoggiato presso piazze internazionali, non troppo dissimile in fondo dal *modus operandi* della grande criminalità organizzata. Dopotutto, anche i narcos, come l'Iran da anni e oggi la Russia, sono fuorilegge. I narcos, la camorra e la 'ndrangheta, come la mafia russa, hanno imparato il modo di gestire attività economiche colossali pur avendo le polizie di tutto il mondo alle calcagna. Qui possiamo attingere alle analisi sui tentacoli finanziari del business criminale. Forse vicino a casa vostra, che abitiate a Milano o a Londra, a New York o a Lugano, a Dubai o a Hong Kong, c'è qualcuno che in questo momento accetta di vendersi ai narcos o a una potenza straniera, di fare da prestanome, di aprire e gestire conti bancari di cui dissimula il vero proprietario. Il rischio è grosso, il profitto pure.

Putin ha in casa propria una mafia temibile e ben organizzata. Ha a sua disposizione servizi segreti potenti e hacker informatici sofisticati. Pianifica da anni – già prima dell'invasione della Georgia nel 2008 – le sue aggressioni all'estero. Ha avuto tutto il tempo per organizzare una finanza-ombra, finanza-parallela, finanza-clandestina, per continuare a operare anche sotto l'assedio delle nostre sanzioni. Ci sono riusciti dei sacerdoti islamici, c'è riuscito persino il nordcoreano Kim Jong-un, pure lui nel suo piccolo un maestro nell'uso di criptovalute e denaro sporco, alleanze criminali, commerci illeciti. Il giudizio sull'efficacia delle sanzioni andrebbe temperato alla luce di questi precedenti.

Al confine con l'Italia il muro delle sanzioni economiche ha una breccia cruciale in Svizzera. Nel febbraio 2022 fece scalpore la decisione della Confederazione elvetica di aderire alle nostre sanzioni contro la Russia. È stato un caso assai raro di sospensione della tradizionale neutralità, da parte di un paese che è un rifugio bancario di tanti oligarchi. Ma la positiva sorpresa per quella decisione è stata prematura. Cinque mesi dopo, la realtà era ben diversa dalle promesse. Ancora nell'estate 2022 la Svizzera stava applicando le sanzioni con il contagocce, la sua lentezza nell'individuare e sequestrare i beni degli oligarchi era sospetta. Le autorità di Berna si sono date un'immagine etica con un annuncio al quale non sono seguite azioni veloci.

I giornalisti del «Wall Street Journal», cinque mesi dopo l'apparente svolta antirussa della Svizzera, sono andati a verificare l'applicazione delle sanzioni nel Cantone di Zugo, detto anche la «Piccola Mosca» per l'alta densità di oligarchi russi che vi possiedono sontuose residenze secondarie. Le autorità del cantone, a quella data, avevano «identificato» solo una società, sulle 30.000 che sarebbero legate a cittadini russi finiti nella lista nera delle sanzioni. Da notare che solo gli oligarchi personalmente legati a Putin che hanno conti bancari, ville e società in Svizzera sono 32. Inoltre, l'80 per cento delle materie prime russe scambiate sui mercati internazionali viene negoziato attraverso società con sede in Svizzera.

Nell'insieme della Confederazione elvetica i beni russi sanzionabili, che sono in gestione presso le banche locali, valgono 150 miliardi di euro. Eppure, nei primi cinque mesi ne sono finiti sotto sequestro solo 6,8. Meno che nella piccola isola di Jersey, paradiso fiscale e bancario della Manica. Gli svizzeri – non per la prima volta – ci hanno preso per i fondelli. Le rivelazioni del «Wall Street Journal» hanno avuto effetti ambivalenti all'interno del territorio svizzero. Nel settembre 2022, in visita a Lugano, ho incontrato diversi giornalisti locali che mi hanno fatto questo bilancio della situazione. Da un lato, le autorità confederali hanno cercato di migliorare un po' l'applicazione delle sanzioni contro gli oligarchi. Dall'altro, in seno alla popolazione si è rafforzata una controreazione da parte di chi vuole che la Svizzera torni alla sua tradizionale neutralità. Cioè a fare affari con tutti.

Trascorrere qualche giorno all'Expo di Dubai e poi ad Abu Dhabi nel marzo 2022, poche settimane dopo l'invasione dell'Ucraina e le prime sanzioni occidentali contro la Russia, mi ha offerto subito una prospettiva particolare sulla guerra economica in corso. La «sofferenza» degli oligarchi russi, l'impoverimento di Mosca, l'isolamento di Putin, appaiono sotto una luce diversa in Medio Oriente. Gli hotel extralusso di Dubai registrano il tutto esaurito grazie agli oligarchi russi. Vengono espropriati di beni a Saint-Tropez e in Costa Smeralda, ma negli Emirati trovano un paradiso fiscale e bancario accogliente, dove attutire la morsa delle nostre sanzioni. Nel Golfo, e in generale nel mondo arabo, la Russia è meno ostracizzata di quanto possa sembrare a noi: raccoglie i frutti del suo espansionismo in Siria e altrove, ed è rispettata per il suo ruolo militare in quest'area.

Decisiva è la partita del petrolio. La Russia ha costruito negli anni un rapporto eccellente con l'Opec, al punto che il cartello è stato ribattezzato Opec+ (più Mosca, appunto). Emirati e Arabia Saudita potrebbero creare grosse difficoltà a Putin, se volessero aumentare la produzione e quindi far calare i prezzi in modo sostanziale. Questo sarebbe un duro colpo per la Russia, ben più significativo del simbolico embargo americano (gli Stati Uniti importano pochissimo petrolio da Mosca). Ma i sauditi e altri membri del cartello non vogliono sabotare il loro «membro esterno». In seno all'Opec, Putin è stato abile nel tessere le fila delle sue alleanze.

Il «tutto esaurito» nei sontuosi hotel a 7 stelle di Dubai, dove si sente parlare il russo molto più dell'arabo, e dove vanno a ruba suite da 5000 euro a notte, ci rivela che molti oligarchi probabilmente avevano un piano B pronto da tempo per fronteggiare i sequestri di beni. La compattezza fin qui mostrata dall'Occidente potrebbe non bastare. L'Occidente non è tutto. Per quanto la forza delle nostre sanzioni sia senza precedenti, ci sono aree del mondo dove gli straricchi trovano sempre un'accoglienza discreta e servizievole. Il denaro crea indulgenze a ogni livello. Quando gli artisti italiani Roberto Bolle e Mahmood hanno manifestato solidarietà con l'Ucraina all'Expo di Dubai, le autorità locali hanno espresso irritazione.

Non è solo il capitale russo che fa gola; è anche la geopolitica di Putin ad aver conquistato rispetto in quest'area del mondo. Molto prima che Joe Biden affermasse il suo rifiuto categorico di un conflitto diretto Nato-Russia in Ucraina, un altro gesto rimase impresso nella memoria dei leader arabi: fu quando Barack Obama annunciò una «linea rossa» da non oltrepassare in Siria, cioè l'uso di armi chimiche contro la popolazione civile; Assad ignorò l'ultimatum e non accadde nulla. Da allora la Siria è diventata un protettorato militare della Russia e il potere di Assad è saldo. Persino Israele negozia con i militari russi quando vuole lanciare raid contro i terroristi filoiraniani basati in Siria; è una delle ragioni per cui Tel Aviv ha avuto delle ambiguità sull'Ucraina. I muscoli militari che Putin ha esibito in Medio Oriente o in Africa, la stessa aggressività che suscita orrore tra noi europei pacifisti, altrove incute un timore che sconfina facilmente nell'ammirazione. La geopolitica «non è un pranzo di gala», per parafrasare Mao Zedong, e il leader russo nel suo cinismo applica regole del gioco che altri condividono.

La ritirata di Biden da Kabul aveva una razionalità profonda: dopo vent'anni di guerra era inutile illudersi di esportare democrazia e diritti; l'America ha bisogno di concentrarsi sulla sfida prioritaria con la Cina, anziché disperdersi in conflitti periferici. Tuttavia, l'uscita dall'Afghanistan ha seminato dubbi tra diversi leader del mondo arabo, che si chiedono se lo Zio Sam vorrà ancora esercitare un'influenza decisiva nelle loro aree. Ciò accade mentre russi e turchi offrono servizi mercenari in diversi conflitti locali, e i cinesi progettano nuove basi militari in queste zone. La sensibilità umanitaria ha indotto Washington e le capitali europee a limitare le forniture militari ai sauditi e agli Emirati nel conflitto dello Yemen, dove agiscono milizie sciite filoiraniane: il risultato è che i sunniti cercano armi a Mosca e a Pechino. L'Iran non smette di spaventare i vicini, che hanno bisogno di armi per difendersi dalle mire espansionistiche degli ayatollah.

Il vento dell'ambientalismo radicale, che da anni ha condizionato l'Occidente, genera a sua volta contraddizioni stridenti. Fino a ieri parlavamo di un mondo *carbon-free* quasi fosse dietro l'angolo. Ora i telefoni di Riad e Abu Dhabi squillano perché i leader occidentali chiedono più energie fossili, e a prezzi ragionevoli. Subito, per favore.

Ma un bilancio sugli effetti imprevisti e controproducenti delle sanzioni non può dimenticare un altro esempio di autogol. In questo caso, la vittima del proprio embargo è lo stesso Putin. Accade a fine agosto del 2022, quando Nasa e Bbc diffondono delle curiose fotografie: mostrano alte fiamme provocate dal gas russo che brucia, anziché scorrere negli appositi tubi verso l'Europa. Bruciare gas al confine con la Finlandia – ciò che stava facendo la Gazprom di Putin a partire da quell'estate – è l'equivalente di bruciare banconote. Lo abbiamo visto fare in qualche film, magari da un mafioso in vena di esibizioni arroganti. È un gesto spettacolare, ma tutt'altro che benefico per le proprie finanze. Putin lo fa non perché se lo può permettere, ma perché non può farne a meno: il suo ricatto energetico contro l'Europa ha un limite. È l'ambivalenza tipica che abbiamo già visto nella storia delle sanzioni, e che non risparmia neppure quelle che ha varato lui contro di noi, per strangolarci con la scarsità energetica. Il gas invenduto va distrutto, con grave danno per le finanze di Mosca, al fine di evitare conseguenze perfino peggiori: ai giacimenti, agli impianti, alla rete distributiva.

Lo dimostrano due esperti americani del settore energetico, Paul Roderick Gregory, della Hoover Institution di Stanford, California, e Ramanan Krishnamoorti, della University of Houston, Texas. Al centro della questione c'è il gasdotto Nord Stream 1, che trasporta gas dalla Russia all'Unione europea. Il gas, estratto nelle regioni artiche russe, entra nel gasdotto Nord Stream 1 a Vyborg, vicino al confine con la Finlandia: proprio lì dove Gazprom lo brucia dall'agosto 2022. In tempi normali, dalla frontiera finlandese Nord Stream 1 viaggiava sotto il mare fino a Greifswald, in Germania, dove si collegava con la rete europea. Un gasdotto parallelo è Nord Stream 2, la cui costruzione era praticamente conclusa ma che è stato bloccato dalle sanzioni. Nord Stream 1 resta quindi l'arteria principale che dalla Russia porta gas all'Unione europea. Ha una capacità massima di 62 miliardi di metri cubi all'anno.

Prima della guerra in Ucraina, Gazprom lo stava usando quasi ai limiti della capacità: dal 2019 al 2021 Nord Stream 1 ha trasportato 55 miliardi di metri cubi all'anno. Dopo l'invasione dell'Ucraina, l'Occidente non ha mai incluso il gas nel perimetro di applicazione delle sanzioni, però Putin ne ha fatto un'arma di pressione. Ha imposto tagli alle forniture per infliggere un danno economico all'Europa. A fine luglio Nord Stream 1 stava ormai trasportando solo il 40 per cento di gas rispetto alla sua capacità massima. Poi, con la scusa di lavori di manutenzione, è sceso al 20 per cento. Infine, la chiusura totale. Le conseguenze sull'Europa le conosciamo bene, e inducono qualcuno a dire che le sanzioni fanno male solo all'Europa.

Ma che può fare la Russia con il gas che non vende agli europei? Il petrolio che Mosca non esporta più verso Occidente trova facilmente acquirenti, a cominciare da India e Cina, sia pure a prezzi scontati. Il petrolio viaggia soprattutto su navi ed è facile dirottarlo da un mercato all'altro. Il gas no, la parte che viene trasportata su nave è ridotta e richiede comunque la costruzione di impianti particolari (ne sappiamo qualcosa: per i paesi riceventi sono i rigassificatori, a cui corrispondono impianti speculari e simmetrici che nei paesi produttori devono trasformare il gas in liquido, quindi caricarlo su apposite navi cisterna). Russia e Cina hanno raggiunto un accordo per costruire un nuovo gasdotto che le colleghi, ma ci vorranno anni prima che sia pronto. Invece il gas che Gazprom non sta fornendo agli europei continua a sgorgare dai giacimenti, e bisogna farne qualcosa. Immagazzinarlo? Le capacità di stoccaggio di gas russe sono già quasi esaurite. Chiudere i «pozzi», interrompere l'estrazione? Si può fare, però correndo dei rischi. I giacimenti che smettono di fornire gas possono subire danni strutturali che ne compromettono il ritorno alla produzione in tempi successivi. Poi ci sono i problemi tecnici che riguardano i gasdotti. Tutte le valvole, gli accessori, le attrezzature sofisticate che regolano il funzionamento dei gasdotti sono soggetti a guasti e deterioramento se la pressione scende o si azzera. Sono problemi risolvibili se c'è una manutenzione di altissimo livello. Ma qui intervengono le sanzioni economiche occidentali, che allontanano dalla Russia grandi aziende specializzate in quel tipo di manutenzione sofisticata, come Halliburton, Baker Hughes, Schlumberger.

Per evitare problemi e ridurre i rischi di gravi danni al gasdotto, un espediente consiste proprio nel bruciare il gas. A parte il danno ambientale, questo significa distruggere una risorsa primaria per l'economia russa. E proprio quando Putin ha bisogno di soldi per allargare gli organici del suo esercito. È autolesionismo, quindi, anche se inevitabile nelle circostanze in cui Putin si è messo da solo.

Il danno del gas bruciato si aggiunge, aggravandola, a una perdita perfino più sostanziale nel lungo periodo: la credibilità. Dai tempi del leader comunista Brežnev – anni Settanta – Mosca si è costruita una reputazione di partner affidabile per la fornitura di energia all'Europa. Un paese come la Germania federale aveva imperniato il proprio modello economico sul gas russo a buon mercato e aveva impostato la propria politica estera sull'idea che il commercio con l'Oriente avrebbe reso le autocrazie sempre meno ostili. Oggi la Germania unita, come l'Europa intera, deve operare una torsione geoeconomica andando a cercare energia altrove. Il gas russo che brucia al confine con la Finlandia sta distruggendo molte cose.

Le contro-sanzioni di Putin all'Europa, con il blocco delle forniture di gas, hanno il precedente più significativo nell'embargo Opec del 1973, quando i governi arabi usarono l'arma della scarsità contro diversi paesi occidentali per punirli di avere aiutato Israele. Le analogie sono evidenti, ma le differenze sono importanti. Nel 1973 lo shock sui prezzi del petrolio sembrò catastrofico; in realtà, gli aumenti percentuali furono inferiori ai rincari odierni del gas naturale. In compenso, i danni alla crescita furono ben maggiori mezzo secolo fa. I numeri li ha ricordati l'economista Enzo Di Giulio su «RivistaEnergia.it». Nel 2022, a fronte di aumenti vertiginosi del prezzo del gas, abbiamo perso solo qualche punto di crescita del Pil (che, comunque, per l'insieme di quest'anno resta positiva) e l'inflazione è salita fino all'8-9 per cento. Molto più grave fu l'impatto nel 1973, quando le economie occidentali passarono da una crescita media del 5-6 per cento alla crescita zero, mentre l'inflazione schizzava subito fino al 20 per cento.

Eppure, lo shock iniziale era stato meno brutale allora.

Dal 2020 al 2022 il gas ha visto moltiplicare da 15 a 20 volte le sue quotazioni. Nel 1973-1974 il greggio inizialmente quadruplicò il suo prezzo, in conclusione aumentò da 2 a 12 dollari il barile, cioè «solo» sei volte. Nella crisi energetica successiva, quella del 1979 (rivoluzione khomeinista in Iran), il barile di petrolio salì da 14 a 36 dollari, cioè una volta e mezzo. Neppure addizionando fra loro tutte le sei crisi petrolifere che si sono succedute dal 1973 al 2020 si riesce ad arrivare a un rincaro paragonabile a quello del gas nel 2022.

Bastò, dunque, molto meno a sprofondarci in una brutta recessione, all'epoca delle famose «domeniche a piedi». Perché? La spiegazione più convincente è anche la più rassicurante: siamo molto più ricchi oggi. La ricchezza è un cuscinetto protettivo formidabile, perché ci consente di incassare uno shock con sofferenze minori e risollevarci più rapidamente.

Proprio perché oggi gli europei sono ben più ricchi che nel 1973, hanno potuto fare incetta di gas (in gran parte russo) per avere provviste con cui affrontare il primo inverno di guerra ucraina; in seguito hanno investito (chi più chi meno) in rigassificatori per diversificare le provenienze geografiche dei loro acquisti.

Sotto questo profilo si può osservare che Putin ha reagito tardi, cioè che il suo taglio definitivo e totale alle vendite di gas a fine estate 2022 è arrivato quando ormai avevamo ridotto il rischio di rimanere senza.

Il castigo inflitto da Putin agli europei con i tagli di forniture si è intrecciato in modo perverso con il ruolo delle due Borse di Amsterdam (gas) e Lipsia (elettricità) nel determinare i prezzi. Su quelle Borse, gli scambi di titoli derivati sui prezzi futuri del gas e dell'elettricità si sono prestati a opache manovre speculative. Trattandosi di mercati dove si scambiano quantitativi piccoli, non rappresentativi della domanda e dell'offerta nell'economia reale, il ruolo della speculazione finanziaria è stato poco trasparente e forse dominante. Non si può escludere che le stesse aziende russe controllate da Putin abbiano giocato al «casinò» di quelle Borse per accentuare i rialzi dei prezzi e inasprire le nostre difficoltà. Così, alle sanzioni ufficiali varate da Putin chiudendo i rubinetti del gas, si sono aggiunte sanzioni ufficiose che hanno usato le Borse.

Dietro la speculazione finanziaria c'è pur sempre un fenomeno reale: la scarsità di energie fossili di cui ci eravamo illusi di poter fare a meno. Scarsità artefatta, certo, perché accentuata dalle contro-sanzioni di Putin verso di noi. Di gas ce n'è abbastanza per tutti, nel mondo, sia pure con una rarefazione recente dovuta agli scarsi investimenti per estrarlo (colpa di un ambientalismo irrealistico) e al boom ventennale di consumi da parte di Cina e India. Manca soprattutto, in modo specifico, quel gas che arriva facilmente fino a noi, perché scorre attraverso le infrastrutture fisiche con cui la Russia ci aveva legati al suo destino fin dall'epoca sovietica.

E, come non bastasse, per una crudele ironia della sorte, anche nell'afosa e arida estate 2022 il vento ha soffiato poco nel mare del Nord, ripetendo ciò che era accaduto nell'estate 2021. Caldo eccezionale e mancanza di precipitazioni hanno penalizzato tre fonti di energie rinnovabili: eolica, idroelettrica, nucleare. Questo serve a ricordarci che le rinnovabili avranno bisogno, ancora per molto tempo, di essere affiancate da energie fossili. La penuria, anche in questo caso, l'abbiamo fabbricata con le nostre scelte.

III

Le vere cause, l'inizio (e la fine) dello shock energetico

Sulla crisi energetica c'è confusione e disinformazione. Tra i luoghi comuni che impediscono di capire quel che sta accadendo, due sono particolarmente fuorvianti e anacronistici. Uno attribuisce il rincaro delle bollette alla guerra in Ucraina e alle sanzioni. Un altro demonizza le multinazionali occidentali del petrolio e del gas. Bisogna sgomberare il campo dai preconcetti, che ci fanno velo alla comprensione della realtà e ci impediscono di correggere i nostri errori. Perché di questo si tratta: abbiamo commesso tanti sbagli, li stiamo pagando. Se non impariamo la lezione adesso, l'uscita da questo disastro sarà più lenta e difficile.

La guerra in Ucraina – seguita da sanzioni occidentali peraltro abbastanza limitate contro il petrolio russo, e dalle ritorsioni di Vladimir Putin che ci ha tagliato le forniture di gas – è successiva alla crisi energetica. I prezzi del gas erano già impazziti nel 2021, molto prima che i russi invadessero l'Ucraina. Una causa contingente, come abbiamo visto, quell'anno fu la débâcle dell'energia eolica nel mare del Nord per mancanza di vento: un brutale richiamo alla realtà sui limiti delle energie rinnovabili. Pure quello, però, fu un incidente non decisivo, in quanto aggravò una crisi preesistente.

Come ha spiegato l'esperta inglese Helen Thompson (*A winter energy reckoning looms for the west*, «Financial Times»,

19 agosto 2022), la vera forza motrice alla base dell'aumento dei consumi e dei prezzi delle energie fossili è la Cina. Per capire l'iperinflazione nei prezzi di gas e petrolio bisogna anzitutto guardare a Oriente. Non a caso, le quotazioni del greggio hanno subito flessioni ogni volta che l'economia cinese ha dato segnali di rallentamento. È accaduto nuovamente nell'autunno 2022 quando il Fondo monetario internazionale ha declassato di colpo le prospettive di crescita della Cina: anziché registrare un aumento del Pil del 5,5 per cento, come vorrebbe Xi Jinping, a fine 2022 Pechino dovrebbe accontentarsi di un 3,3 per cento. Una frenata dolorosa per i cinesi, che può dare invece qualche sollievo all'Occidente togliendo carburante (letteralmente) all'inflazione.

Al di là delle battute d'arresto come le due recessioni del 2008 e del 2020, seguite forse da una terza a fine 2022, noi siamo dentro un ciclo ventennale segnato dal boom della domanda cinese, seguita da quella indiana. È questo il primo evento dominante da considerare per capire la situazione energetica del pianeta dall'inizio del terzo millennio; l'altro è la raggiunta autosufficienza degli Stati Uniti. Nel 2019 il consumo di energia della Cina era più del quintuplo rispetto al 2000, e molto superiore a ogni altro paese al mondo, inclusi gli Stati Uniti. Nessun altro fattore ha un simile impatto. La cosiddetta «impronta energetica» della Cina è quella di un mastodonte senza eguali, in grado di stravolgere tutti gli equilibri. Non sempre ce ne siamo accorti.

Durante il decennio scorso, dal 2010 in poi, lo sconvolgente boom dei consumi cinesi venne mascherato, perché in parte fu soddisfatto da un parallelo boom nella produzione americana di *shale oil* e *shale gas*, petrolio e gas naturale estratti da rocce e sabbie attraverso la tecnica del *fracking*. La produzione americana è raddoppiata dal 2010 al 2019, e solo questo ha consentito al mondo di non essere intrappolato in uno shock energetico che era già ben visibile nelle fiammate dei prezzi del 2005-2007 (poi interrotte dalla crisi globale del 2008 che rallentò anche la Cina). In seguito la produzione americana di *shale oil* e *shale gas* è incappata nei venti contrari dell'ambientalismo: dalle normative verdi di Washington fino al disinvestimento di Wall Street, molto è stato fatto per boicottare i finanziamenti. Le aziende del settore hanno bisogno di certezze e visibilità sul futuro, perché gli investimenti costano e ammortizzarli richiede parecchi anni.

Il messaggio «politicamente corretto» in voga nell'era della finanza Esg (Environmental, Social, Governance) è che gli investimenti nell'energia fossile devono scomparire il più presto possibile. Come stupirsi? Senza investimenti, la produzione di energie fossili declina, l'offerta non sta al passo con la domanda. Non ci siamo accorti subito del problema perché, all'inizio del 2020, la pandemia ha chiuso le fabbriche cinesi e ha depresso i consumi per molti mesi. Ma appena è ripartita la produzione cinese, e con essa hanno ricominciato a salire gli acquisti energetici del «pachiderma» asiatico (con l'India al suo fianco), i prezzi sono impazziti: la crisi del gas ha origine proprio nella ripresa cinese del 2021, un anno prima della guerra in Ucraina.

Questo scenario geoeconomico era stato ben compreso dai russi. Molto prima che Putin lanciasse l'aggressione militare contro l'Ucraina, il gigante russo dell'energia Rosneft aveva già avviato una sua «torsione geopolitica» verso Oriente. Sotto la guida di Igor' Sečin, l'ente di Stato Rosneft cominciò a guardare alla Cina come partner privilegiato fin dal 2004. Da allora si è andata rafforzando l'alleanza tra Rosneft e la principale azienda energetica di Pechino, la China National Petroleum Corporation (Cnpc). Come ha scritto «The Economist» (*Watch Russia's Rosneft to see the new direction of global petropolitics. Oil's new eastern bloc*, 14 luglio 2022), «abbondanti pre-pagamenti e finanziamenti dalla Cina hanno consentito a Rosneft di diventare una delle più grandi compagnie petrolifere quotate nel mondo». Il più recente fra gli accordi di forniture di petrolio da Rosneft a Cnpc fu siglato in occasione dell'incontro tra Putin e Xi Jinping a Pechino il 4 febbraio 2022, all'apertura dei Giochi invernali: mancavano tre settimane all'invasione dell'Ucraina. Dopo le sanzioni occidentali contro il petrolio di Putin, le esportazioni di greggio da Mosca a Pechino sono cresciute a tal punto che la Russia ha superato l'Arabia Saudita come primo fornitore della Cina.

La Rosneft ha aggiunto alla sua strategia cinese anche una strategia indiana: per ridurre la sua dipendenza dai mercati occidentali ha investito in una società indiana di raffinazione petrolifera, la Nayara Energy. Le esportazioni di greggio russo verso l'India sono balzate da quasi zero a un milione di barili al giorno, a prezzi scontati. La nuova geopolitica dell'energia vede affermarsi così un «blocco orientale», con Cina e India nel ruolo di consumatori e la Russia come fornitrice. Pur con tutte le differenze d'interesse che oppongono i compratori e i venditori, e malgrado i conflitti strategici fra Nuova Delhi e Pechino, questi tre paesi hanno un impatto smisurato sul futuro energetico e ambientale del pianeta. Le loro classi dirigenti non hanno mai creduto alla possibilità di un passaggio rapido e totale alle energie rinnovabili. Anche se questo non impedisce alla Cina di costruirsi un semimonopolio nelle energie verdi. Né trattiene Cina e India dall'essere all'avanguardia nella costruzione di centrali nucleari. La Cina ne ha inaugurate un numero record proprio nel 2022: 10 nuove centrali atomiche, il massimo storico in un anno.

Le «Sette sorelle» fu un'immagine resa popolare dal manager italiano Enrico Mattei quando era alla guida dell'Eni, dal 1953 al 1962. Alludeva all'esistenza di una sorta di cartello, o di collusione oggettiva, tra le multinazionali petrolifere occidentali. Cinque erano americane: Exxon,

Mobil, Chevron, Texaco, Gulf Oil. Poi c'erano l'anglo-olandese Shell e la britannica Bp. Dagli anni Quaranta fino all'inizio dei Settanta avevano effettivamente dominato i giochi del petrolio. L'Eni di Mattei, così come la francese Total, tentavano di fare le guastafeste, con incursioni in Nordafrica, Medio Oriente e Unione Sovietica, per ritagliarsi nuovi spazi sui mercati dominati dalle Sette sorelle. Ma quel sistema egemonizzato dal capitalismo privato anglo-americano cominciò a traballare nel 1973 con il primo shock petrolifero, determinato dall'embargo sancito dall'Opec. Le risorse petrolifere entrarono in una fase di nazionalizzazione, che non si è mai conclusa, anzi ha conosciuto di recente nuove accelerazioni. Oggi chi continua a descrivere le compagnie energetiche occidentali come delle potenze parla di un mondo che non esiste più. La più grande delle Sette sorelle di allora, Exxon, è persino uscita nel 2020 dall'indice di Borsa Dow Jones per insufficiente capitalizzazione.

La geopolitica odierna dell'energia è dominata da aziende di Stato, saldamente controllate da paesi emergenti. La regina è Aramco, l'azienda pubblica dell'Arabia Saudita, che nel 2022 ha registrato un aumento del 90 per cento dei profitti, e ha di gran lunga la capitalizzazione di Borsa più alta. Proprio perché sono proprietari delle maggiori aziende energetiche al mondo, gli Stati del Medio Oriente accumuleranno in quattro anni 1300 miliardi di dollari di ricchezza aggiuntiva, un immenso trasferimento di risorse Nord-Sud, secondo le stime del Fondo monetario internazionale. Tra i beneficiari ci saranno i loro fondi sovrani, come il Saudi Arabia Public Investment Fund, la Qatar Investment Authority, l'Abu Dhabi Investment Authority, la Kuwait Investment Authority. Anche in altre parti del mondo si assiste a questa duplice tendenza: da un lato, una rivalutazione delle energie fossili il cui ruolo deve «accompagnare» le rinnovabili (per ogni centrale solare ce ne vuole una tradizionale che la affianchi di notte); dall'altro, la crescente concentrazione del potere energetico nelle mani degli Stati produttori.

Un altro esempio recente è il Messico, dove il presidente Andrés Manuel López Obrador (noto anche con l'acronimo Amlo) – un socialista populista – ha deciso di investire 6,2 miliardi di dollari per costruire 15 centrali elettriche a carburante fossile, e allo stesso tempo vuole rafforzare il controllo pubblico sulle fonti di energia attraverso il monopolio di Stato Pemex. «Ignoriamo il canto delle sirene,» dice Amlo «cioè quelle voci che profetizzavano la fine dell'era del petrolio e l'arrivo massiccio delle auto elettriche e delle energie rinnovabili.» In tutta l'America latina una nuova generazione di leader di sinistra rilancia le nazionalizzazioni di quanto non era ancora pubblico: questo, fra l'altro, riguarda anche terre rare e minerali strategici per le energie rinnovabili. Lo stesso vale per l'Africa e l'Asia. Il ruolo delle Sette sorelle è stato soppiantato da tempo da colossi pubblici soggetti ai governi, i veri centri di potere dove si decide il futuro dell'energia.

Se «tutte le strade portavano a Roma», tanti gasdotti europei portavano a Mosca. E in futuro? Per riflettere sulle conseguenze dell'attuale crisi energetica è bene partire dal significato profondo di quell'antico proverbio, che abbiamo appreso da bambini e ripetiamo sempre senza riflettere sull'origine della frase.

Le infrastrutture fisiche creano legami forti, una dipendenza da cui è difficile liberarsi. Gli antichi romani lo sapevano. La grande cura con cui costruirono strade e ponti, molti dei quali sono rimasti in piedi per secoli, o addirittura fino ai nostri giorni, non fu solo un exploit di abilità ingegneristica. Dietro c'era anche una strategia geopolitica. Costruendo reti di strade che irradiavano dalla capitale alle periferie dell'impero, i romani crearono canali preferenziali di comunicazione, per il transito di beni e persone. Le loro magnifiche infrastrutture facilitavano e rendevano fluidi i traffici tra le colonie e il centro; al tempo stesso, obbligavano le economie periferiche a rivolgersi verso Roma. E poi c'era la funzione militare: le strade venivano percorse dalle legioni. Altri imperi, prima e dopo Roma (dalla Persia al Regno Unito), hanno pensato le loro infrastrutture come un modo per organizzare i rapporti gerarchici tra centro e periferia. Questa lezione è ben nota ai dirigenti cinesi, che hanno pianificato i progetti titanici delle Nuove Vie della Seta (ufficialmente *Belt and Road Initiative*) anche a partire da essa: la costruzione di imponenti reti di trasporto e comunicazione crea solidi legami di dipendenza dai quali poi diventa difficile prescindere.

Il network di gasdotti e oleodotti fra la Russia e l'Europa ha una funzione simile. Crea dipendenza, sempre reciproca, come quasi tutte le dipendenze: per lungo tempo l'Europa ha avuto bisogno dell'energia russa, mentre Mosca ha avuto bisogno della valuta europea e anche del know how tecnologico occidentale per il buon funzionamento della propria industria energetica. Queste infrastrutture sono pesanti in molti sensi: hanno richiesto investimenti cospicui e anni di costruzione. Alcune risalgono alla prima guerra fredda: per quanto i rapporti Est-Ovest fossero tesi, non impedirono importanti progetti di cooperazione che traversavano la cortina di ferro. La Germania federale aveva il ruolo di snodo nevralgico, la sua *Ostpolitik* (politica estera orientale) promuoveva gli scambi commerciali con il blocco avversario. Per molti decenni le turbolenze del Medio Oriente fecero apparire l'Unione Sovietica, e poi la Russia, come un partner ben più affidabile e sicuro rispetto alla Libia o all'Iraq. Nel primo shock petrolifero del 1973 l'intero mondo arabo si era accanito contro l'Occidente per castigarci dell'appoggio a Israele; nel 1979 l'ayatollah Khomeini prese il potere a Teheran e l'Iran divenne antioccidentale.

L'Urss, con i suoi contratti di fornitura a lunga scadenza, era meno imprevedibile.

Vladimir Putin sta troncando quel che i dirigenti sovietici non eliminarono mai: un cordone ombelicale. L'Europa inizia – molto lentamente, e anche dolorosamente, con costi elevati – a rigirarsi verso il Mediterraneo e anche l'Atlantico per il proprio approvvigionamento energetico. Ci vorrà tempo perché l'Unione europea costruisca un numero sufficiente di rigassificatori per usare il gas acquistato dalle nuove fonti. Gli investimenti avviati oggi daranno i loro frutti tra qualche anno. Per il petrolio, la riconversione geografica delle fonti è un po' più facile, perché già oggi buona parte del greggio viaggia su navi. Arabia Saudita ed Emirati hanno capacità inutilizzate. Una volta avviata la riconversione geografica delle forniture, si crea una nuova realtà «fisica», nuovi interessi materiali. Se, una volta, tutti i gasdotti portavano a Mosca, in futuro le maggiori strade dell'energia europea traverseranno l'Atlantico e il Mediterraneo. Nuovi gasdotti e rigassificatori costituiranno altrettanti vincoli e condizionamenti. Putin avrà reso l'Europa più atlantica non solo in senso politico, ma anche per l'orientamento delle sue infrastrutture energetiche.

Gran parte delle scarsità di cui soffriamo non sono carenze «fisiche», bensì sono provocate ad arte da scelte politiche sbagliate.

Lo shock energetico globale sta mettendo in difficoltà il fronte antinucleare in almeno tre luoghi chiave: California, Giappone, Germania. Mentre Putin tentava lo «scippo» di un'intera centrale nucleare, con le prove generali per staccare Zaporizhzhia dalla rete elettrica ucraina e così togliere corrente a Kiev, nel resto del mondo il dibattito sul nucleare si riapriva e, in certi casi, i ripensamenti sono stati clamorosi.

Lo Stato della California è, al tempo stesso, il più ricco e il più ambientalista degli Usa. Il suo governatore, il democratico Gavin Newsom, è lo stesso che ha deciso la messa al bando della vendita di auto a benzina e diesel, e il passaggio al «tutto elettrico» a partire dal 2035. Il problema è che non basta usare solo auto elettriche per abolire le emissioni carboniche: una parte del parco centrali che generano la corrente in California è ancora alimentata a carbone. Se io viaggio su una Tesla, non ho un tubo di scappamento e non emetto gas di scarico. Ma se quando ricarico la batteria della mia Tesla sto attingendo a elettricità che proviene da una centrale a carbone, ho solo spostato l'inquinamento un po' più in là. Non esce dalla mia auto, ma dalle ciminiere della centrale. Né è realistico parlare di una transizione a centrali tutte alimentate da fonti rinnovabili perché – nonostante la California sia sempre stata all'avanguardia su eolico e solare – ci sono problemi tecnici e contraddizioni geopolitiche. L'energia idroelettrica non può aumentare più di tanto, perché i fiumi esistenti li abbiamo già sfruttati; per di più è soggetta al rischio delle siccità, che riducono il funzionamento delle turbine nelle dighe. Eolico e solare soffrono per mancanza di componenti essenziali la cui fabbricazione è ostaggio della Cina. Inoltre, allo stato attuale delle tecnologie, ogni centrale eolica o solare va affiancata da una centrale di altro tipo che la sostituisca quando il vento non soffia e il sole non brilla.

Ecco perché Newsom ha deciso di prolungare la vita della centrale nucleare Diablo Canyon, gestita dalla utility locale Pacific Gas & Electricity (PG&E). Con 2250 megawatt, i reattori di Diablo Canyon generano l'8 per cento di tutta l'elettricità della California, che non è poco. Fino all'inizio del 2022 quella centrale era destinata alla chiusura, ora non più. Rimangono delle resistenze nel mondo ambientalista: da chi contesta la sicurezza (Diablo Canyon, come gran parte della costa californiana, è in zona sismica) a chi si preoccupa degli effetti sulla fauna marina provocati dal ciclo di acque per il raffreddamento. Ma un pezzo del movimento ambientalista americano ormai ammette apertamente che l'opposizione al nucleare è stato un grave errore di cui oggi si pagano le conseguenze.

Una svolta altrettanto clamorosa matura in un paese simbolo delle campagne antinucleari: il Giappone. Che cos'ha capito il 70 per cento dei giapponesi che noi continuiamo a non voler capire? Nonostante la sua memoria storica traumatizzata dall'olocausto nucleare di Hiroshima e Nagasaki del 1945, nonostante la più recente tragedia di Fukushima del 2011, ora il Giappone torna all'energia atomica. Lentamente, cautamente, ma con determinazione. È una delle «conseguenze economiche di Vladimir Putin». Prima dell'invasione dell'Ucraina, la Russia forniva al Giappone l'11 per cento delle sue importazioni di carbone, il 9 per cento dei suoi acquisti di gas naturale, il 4 per cento delle sue importazioni di petrolio. Sono percentuali di dipendenza mediamente inferiori a quelle europee (soprattutto per il gas), ma comunque inaccettabili agli occhi di Tokyo nel nuovo contesto. Di qui la rivalutazione del nucleare.

Fino allo tsunami che provocò l'incidente di undici anni fa nella centrale di Fukushima, questa fonte forniva quasi un terzo dell'elettricità consumata dai giapponesi. Lo shock di allora portò alla chiusura di tutti i 54 reattori del paese. Anche se va ricordato che il bilancio certo di quell'incidente è limitato: 1 morto e 18 feriti, cioè molte meno vittime rispetto a tanti tragici ma «banali» incidenti sul lavoro che affliggono i cantieri italiani. Solo una valutazione estremamente larga e prudenziale delle vittime indirette – una stima controversa, che non raccoglie un consenso unanime nella comunità scientifica, per l'attribuzione a Fukushima di malattie non necessariamente collegate (inclusi traumi psichici, depressioni e suicidi) – è arrivata ad alzare il bilancio fino a quota 570. In ogni caso, l'effetto immediato dell'incidente di Fukushima indirizzò l'opinione pubblica: all'epoca il 70 per cento dei giapponesi voleva l'addio al nucleare.

Oggi la situazione si è esattamente capovolta: il 70 per cento è d'accordo per tornare a dipendere dall'energia atomica. Questo rovesciamento del sentimento pubblico consente al premier Fumio Kishida di passare all'azione: il 24 agosto 2022 ha annunciato la riapertura delle centrali inattive e la costruzione di una nuova generazione di reattori. Al momento sono tornati in attività 10 reattori, sui 17 che hanno già superato i test di sicurezza resi più rigorosi dopo Fukushima. Sono in tutto 33 i reattori destinati a tornare a produrre elettricità, in attesa che vengano costruiti quelli di nuova generazione.

In Germania la battaglia sul nucleare spacca la coalizione di governo formata da socialdemocratici (Spd), Verdi, liberali (Fdp). Il ministro dell'Economia nonché vicecancelliere, l'esponente dei Verdi Robert Habeck, è contrario. L'argomento che usa non è tanto centrato sulla sicurezza quanto sull'utilità: Habeck sottolinea che le tre centrali atomiche attive in Germania forniscono solo il 6 per cento dell'elettricità tedesca, e quindi tenerle aperte non risolve la crisi provocata dai tagli di forniture di gas russo. L'ambientalismo viene messo da parte, in questo caso, visto che nel breve e medio termine la Germania torna a usare centrali a carbone, con effetti tremendi sull'ambiente, mentre i reattori nucleari hanno «zero emissioni». I liberali sono favorevoli al prolungamento della vita delle centrali atomiche. Il cancelliere Olaf Scholz ha deciso di mantenerne aperte due, cancellando la decisione sulla loro chiusura presa ai tempi di Angela Merkel.

Gli argomenti antinucleari sono cambiati nel tempo. Oggi il fronte contrario parla soprattutto dei costi eccessivi, che sono una realtà. Un esempio classico è quello della centrale Hinkley Point C, la cui costruzione è quasi ultimata sulla costa di Bristol, nella parte sudoccidentale del Regno Unito. Quando nel 2013 il governo di Londra firmò il contratto con la utility francese Edf per questa centrale, il megawattora prodotto con i reattori di Hinkley Point doveva costare 92 sterline. E, a quel tempo, un megawattora prodotto da pale eoliche costava 125 sterline. Oggi, fra ritardi di costruzione e aumenti di costi, l'elettricità nucleare di Hinkley costerà sicuramente più di quanto preventivato nove anni fa, mentre nel frattempo quella eolica è scesa a 50 sterline. Gli avversari del nucleare, che in passato prevedevano un'Apocalisse in caso di incidente, oggi parlano il linguaggio della convenienza economica: sole e vento costano meno.

Non è un caso se l'argomento della sicurezza è scivolato nelle retrovie: quell'argomento non regge. Includendo i due più gravi incidenti nucleari della storia – i 4000 morti di Černobyl' e le 570 vittime «indirette» che vengono attribuite a Fukushima –, l'energia atomica resta tra le più sicure che abbiamo, alla pari di vento e sole. La mortalità, misurata in proporzione all'energia generata, vede in testa il carbone con 24,6 decessi per terawattora (soprattutto malattie da inquinamento), seguito da petrolio, biomasse, gas naturale, idroelettrico. Il numero di vittime del nucleare per terawattora è 0,03, cioè paragonabile a eolico e solare, i quali hanno anche loro una mortalità, sia pure bassa (da incidenti o da inquinamento, perché il loro ciclo di produzione non è «pulito» al 100 per cento, come si crede). Tutti questi dati sono controllabili (una loro sintesi si può trovare qui: https://www.economist.com/graphic-detail/2022/07/19/how-safe-is-nuclear-energy).

Come si arriva a questa conclusione? Ogni forma di generazione di energia elettrica – come ogni attività umana, purtroppo – ha un bilancio di vittime. Ci sono gli incidenti sul lavoro, che accadono nei vari passaggi: dalla fabbricazione dei macchinari e delle infrastrutture fino al funzionamento delle centrali stesse. Ci sono le malattie – soprattutto cardiache e respiratorie – provocate dall'inquinamento. Non esistono fonti veramente «pulite»: questo è il piccolo, sporco segreto che molti ambientalisti preferiscono ignorare. Per fabbricare un pannello fotovoltaico si estraggono silicio e altri minerali, in miniere dove si verificano incidenti, e dove si generano emissioni carboniche, particelle tossiche, ecc. Per trasportare una pala eolica si usano camion ancora alimentati a gasolio. Chi calcola la mortalità associata a una particolare fonte di energia, quindi, fa una stima di tutte le vittime dirette e indirette. È così che si arriva a questa conclusione che appare controintuitiva a molti, non necessariamente militanti dell'antinucleare, ma preoccupati per la sua presunta pericolosità.

L'insicurezza del nucleare fa presa sull'immaginario collettivo, ma non è fondata sui fatti. Forse anche per questo i suoi nemici hanno cambiato argomenti. L'obiezione nuova, quella sui costi, è contestabile. Il nucleare costa troppo perché abbiamo smesso di investire, quindi sono venute meno le economie di scala (i guadagni di produttività e di efficienza derivanti dall'aumento di costruzioni di nuovi reattori), ed è stato rallentato il progresso tecnologico. Non a caso sono diventati più competitivi i reattori nucleari fabbricati dalla Cina, che non ha mai smesso di scommettere su questa energia. Peccato che la congiuntura geopolitica ci impedisca di continuare a commissionare reattori nucleari ai cinesi e ai russi, come alcuni paesi europei (incluso il Regno Unito) stavano facendo fino a pochi mesi fa.

La penuria di gas russo costringe a rivedere tanti dogmi, ma non tutti sono pronti a rimettere in discussione le proprie certezze. L'antinucleare è una religione, non una scienza. Infine resta l'ultima obiezione, quella sulle scorie. Ha due risposte. La prima è la nuova tecnologia di seppellimento delle scorie su cui lavora la Finlandia. L'altra è la frontiera della fusione nucleare – che non genera scorie radioattive – su cui investono diverse aziende e molti paesi. Ci tornerò più avanti.

Il pregiudizio «religioso» e antiscientifico che ci impedisce di fare scelte razionali vale anche per il gas naturale. Tutti lo abbiamo in casa, noi italiani nell'Adriatico, i tedeschi nel sottosuolo, ma non lo usiamo, ed è così che siamo diventati vittime dei ricatti di Putin. Lui stesso, peraltro, ci ha dato un «aiutino» fomentando le paure irrazionali degli ambientalisti più fanatici di casa nostra. È utile mettere a fuoco il paradosso tedesco. Lo faccio con l'aiuto di un'analisi del settimanale «The Economist» ricca di dati: *Germans have been living in a dream*. Dove si scopre che la Germania, pur senza arrivare alla ricchezza di gas naturale della vicina Olanda, possiede comunque giacimenti di tutto rispetto. All'inizio di questo millennio, da quei giacimenti estraeva in media 20 miliardi di metri cubi di gas naturale all'anno, abbastanza da soddisfare un quarto della domanda nazionale. Gli studi geologici dicono che le riserve gasifere nel sottosuolo tedesco contengono ancora almeno 800 miliardi di metri cubi. Ma la produzione nell'ultimo ventennio è crollata, scendendo a quota 5 miliardi di metri cubi annui, cioè un decimo delle importazioni dalla Russia. La Germania, insomma, si è messa in questa situazione di estrema dipendenza e ricattabilità da parte di Putin pur senza esservi costretta. Ormai conosciamo la storia dell'ex cancelliere socialdemocratico Gerhard Schröder, assunto da Gazprom. Come lui, tanti altri politici tedeschi meno famosi si sono lasciati corrompere dal denaro russo e sono diventati lobbisti al servizio di Mosca, attivandosi per rafforzare i legami di dipendenza. Ma c'è un altro lato di questa storia, che coinvolge l'ambientalismo al servizio della Russia.

Una ragione per cui il gas tedesco, pur abbondante, non viene usato, è che per estrarlo bisogna fare ricorso alla tecnica detta *hydraulic fracturing*, abbreviata in *fracking*. Il metodo è nato nel 1947 negli Stati Uniti, dove viene ampiamente utilizzato, e negli ultimi vent'anni ha fatto progressi tecnologici notevoli. Consiste nell'utilizzare potenti getti d'acqua misti a sabbia e a qualche dose di solventi chimici. Da molti anni l'opinione pubblica tedesca si è convinta che il *fracking* è pericoloso per la nostra salute e dannoso per l'ambiente. Si tratta di una paura irrazionale, smentita da tutte le ricerche. Il *fracking* venne usato a lungo nella stessa Germania federale, a partire dagli anni Cinquanta del secolo scorso, e non ha mai provocato un solo incidente con danni significativi all'ambiente. Ma tant'è: il rispetto della scienza vige solo quando la scienza non contraddice le nostre convinzioni dogmatiche e le nostre angosce apocalittiche. La mobilitazione contro il *fracking* conobbe un'impennata quando la multinazionale americana Exxon, nel 2008, si candidò per utilizzare tale tecnica in un progetto di estrazione nella Germania settentrionale. I Verdi si misero alla guida delle proteste. Nel 2017, cedendo alle pressioni, la cancelliera Angela Merkel mise fuorilegge l'*hydraulic fracturing*. Ma i Verdi non erano soli in quella campagna.

Nel diffondere allarmismo sui danni del *fracking* si distinse Russia Today, il canale televisivo di Mosca che da decenni è uno degli strumenti della propaganda russa in Occidente. Russia Today diede spazio a reportage senza basi scientifiche, che attribuivano a quella tecnica estrattiva danni mostruosi: radiazioni, malformazioni alla nascita, problemi ormonali, scorie tossiche, avvelenamento dei pesci. Si segnalò un intervento di Vladimir Putin in persona, che andò a una conferenza internazionale a descrivere le presunte devastazioni provocate dal *fracking*.

Un autorevole geofisico tedesco, Hans-Joachim Kümpel, che all'epoca dirigeva il Consiglio superiore delle geoscienze presso il governo di Berlino, oggi dice: «Alla fine rinunciammo a spiegare che il *fracking* è del tutto sicuro. I cittadini, che non avevano alcuna nozione di geologia, sentivano raccontare solo storie dell'orrore». Insomma, Putin ha ottenuto quel che voleva non solo con la complicità ben remunerata di Schröder, ma anche con la collusione dei Verdi.

Il governo Scholz è costretto a varare razionamenti dell'energia elettrica per l'inverno. Il gas tedesco è sempre lì: sottoterra. I produttori nazionali dicono che, con l'uso di nuove tecnologie per il *fracking* ancora più sicure, pulite e sostenibili che in passato, potrebbero raddoppiare l'estrazione in meno di due anni. Glielo lasceranno fare?

Un problema viene sottovalutato negli scenari sulla transizione verso le «zero emissioni». Le rinnovabili sono meno «pulite» di quanto si crede, i loro effetti sull'ambiente vanno presi in considerazione. Inoltre, con la transizione verso queste fonti si passa dalla dipendenza dalla Russia a quella dalla Cina. Da un disastro geopolitico a un altro. L'auto elettrica, per essere prodotta, richiede rame, litio, nichel, cobalto. La Cina elabora l'80 per cento di questi materiali che finiscono nella batteria e in altri componenti di un'auto elettrica, così come nei pannelli fotovoltaici e nelle pale eoliche. Anche la Russia è un grosso produttore di nichel, cobalto e rame, oltre che di alluminio e acciaio, usati in molti apparecchi «verdi». Le miniere di questi metalli o minerali rari si trovano nel mondo intero, con una particolare concentrazione in Sudamerica, ma parte di queste sono diventate di proprietà cinese. Quello che la Cina concentra sul proprio territorio è la lavorazione dei metalli e dei minerali, fino a costituire un semimonopolio mondiale. Lo stesso predominio cinese è una realtà da anni nei pannelli fotovoltaici: le aziende finanziate dai sussidi pubblici di Pechino hanno praticato esportazioni sottocosto, e così hanno fatto fallire molte concorrenti occidentali.

Biden è consapevole di questo pericolo: che una Green Economy sia schiava della Cina, così come il capitalismo carbonico europeo lo è della Russia. Il presidente americano cerca di correre ai ripari rispolverando una legge d'emergenza che risale agli albori della guerra fredda, al conflitto in Corea del 1950-1953 (che oppose proprio gli americani ai cinesi). Il Defense Production Act dà al capo dell'esecutivo poteri speciali per mobilitare l'industria nazionale e costruire un'autosufficienza strategica ai fini della sicurezza nazionale. Biden spera di riportare sotto il controllo americano una parte delle materie prime necessarie per le energie rinnovabili e l'auto elettrica. Ma si scontra proprio con le resistenze degli ambientalisti. Certi minerali rari gli Stati Uniti li hanno in casa propria, ma non riescono a estrarli.

Un caso emblematico riguarda il litio: uno dei maggiori giacimenti del pianeta si trova vicino al passo Thacker, sulle montagne del Nevada. Un'azienda mineraria ha i diritti per estrarlo, ma l'operazione è bloccata dal 2007 dalle proteste degli ambientalisti. Non esiste al mondo un'energia «pulita» che non abbia bisogno di sfruttare risorse minerarie del sottosuolo. Delegare questo compito ai cinesi non è una soluzione. Il deficit di realismo è un problema che affligge da anni le frange radicali del movimento ambientalista, insieme all'intolleranza verso ogni forma di dissenso. Ne ha fatto le spese, negli Stati Uniti, un noto progressista come il regista Michael Moore. Quando Moore, in un documentario, osò mettere in luce tutte le ricadute inquinanti dell'auto elettrica, contro di lui partì un furibondo linciaggio mediatico.

Oriente e Occidente divergono sulle strategie energetiche. E la nostra non brilla per coerenza. India e Cina aumentano i loro acquisti di energie fossili dalla Russia, soprattutto petrolio. L'India è la più vorace, importa 1 milione di barili al giorno da Mosca. È addirittura il decuplo rispetto alla quantità di petrolio che Nuova Delhi importava nel 2021 dalla Russia, quando gli acquisti indiani erano solo di 100.000 barili al giorno. Anche la Cina ha aumentato le sue importazioni dalla Russia. I due giganti asiatici, nel 2022, hanno fatto incetta di energia fossile russa e in questo modo hanno neutralizzato gran parte delle sanzioni occidentali, al punto che la produzione complessiva di petrolio russo risultava in risalita nell'estate 2022, a quota 10,55 milioni di barili al giorno, secondo l'Agenzia internazionale dell'energia. È anche grazie agli acquisti indiani e cinesi di gas che l'azienda di Stato russa Gazprom ha incassato profitti eccezionali nel primo semestre 2022. In appena sei mesi ha fatto gli utili di due anni. L'utile del gruppo russo è salito a 2,514 trilioni di rubli, pari a oltre 44 miliardi di euro. Da qui la decisione di Gazprom di pagare per la prima volta nella sua storia un acconto sul dividendo: 42,7 miliardi di euro, versati in gran parte al governo russo.

Sul fronte occidentale tutti i governi si dibattono nella stessa contraddizione: come rendere compatibili gli impegni ambientalisti con la dura realtà della nostra dipendenza dalle energie fossili. L'Unione europea ha siglato un memorandum d'intesa con Egitto e Israele per aumentare le forniture di gas da quei due paesi, ricchi di giacimenti sottomarini e ben collegati con la sponda settentrionale del Mediterraneo. Nel memorandum, però, i rappresentanti di Bruxelles hanno sentito il bisogno di precisare che il gas «svolgerà un ruolo importante nella produzione di elettricità» solo fino al 2030. Un orizzonte di otto anni è breve, per chi vuole incentivare altri paesi a garantirci una «stabile fornitura» di gas naturale. Gli investimenti in impianti richiedono un orizzonte temporale lungo.

Lo stesso problema assedia Joe Biden. Il presidente americano ha scritto una lettera rovente alle imprese del petrolio: Bp, Chevron, Exxon Mobil, Marathon, Phillips 66, Shell, Valero Energy. Le accusa di incassare «profitti storicamente alti dalle raffinerie, peggiorando il danno sui consumatori». Nella lettera Biden sostiene che i proprietari di raffinerie – dove il greggio viene trasformato in benzina – non aumentano la capacità di produzione. Dopo aver ridimensionato le raffinerie all'inizio della pandemia, ora non si adeguano all'aumento della domanda. Così creano una scarsità che aumenta i profitti dei petrolieri e impoverisce i consumatori. È vero, rispetto al 2019 la capacità di raffinazione negli Stati Uniti si è ridotta del 6 per cento. Lo stesso in Europa, dove la capacità di raffinazione è scesa del 5,7 per cento. Ma questo avviene perché le compagnie petrolifere occidentali hanno ricevuto il messaggio: l'Occidente vuole sbarazzarsi delle energie fossili al più presto, non c'è convenienza a investire nel settore. Chi la pensa diversamente? I produttori asiatici. Mentre le capacità di raffinazione si sono ridotte in America e in Europa, in Medio Oriente sono aumentate del 13 per cento nel corso dell'ultimo triennio.

C'è contraddizione tra questi comportamenti di Pechino e Nuova Delhi e gli impegni presi dai governi cinese e indiano sulla transizione a un'economia sostenibile? Meno di quanto crediamo. La Cina, lo abbiamo visto, punta all'egemonia mondiale sulle tecnologie per le fonti rinnovabili. Al tempo stesso i paesi asiatici sembrano aver capito la dura lezione dell'estate 2021, quando il vento smise di soffiare nel mare del Nord e l'Inghilterra fu esposta ai blackout. L'Oriente sembra deciso a gestire una transizione senza i buchi e le cattive sorprese che hanno messo in difficoltà l'Occidente.

Che ruolo ha, nella nostra sofferenza energetica, la speculazione?

Ventidue anni fa la California visse un'estate da incubo, angustiata dai blackout elettrici. Quella crisi mise in ginocchio lo Stato più ricco e tecnologicamente avanzato d'America. C'erano all'origine cause ambientali e strutturali: siccità e calo della produzione idroelettrica a fronte di un boom di consumi, più una deregulation mal concepita. Poi si scoprì qualcos'altro: «la madre di tutte le speculazioni», alla Borsa dei *futures* energetici, con a capo la società finanziaria Enron che finì poco dopo nella più grande bancarotta della storia americana. La vicenda Enron fu il segnale precursore di una malattia, la finanziarizzazione dell'economia, il prevalere della speculazione sull'economia reale; premonizione dello schianto sistemico che nel 2008 sarebbe nato dalla crisi dei mutui subprime.

Quante neo-Enron hanno succhiato sangue all'economia reale ventidue anni dopo, durante la crisi del gas in Europa? Si moltiplicano gli indizi che il mercato del gas di Amsterdam sia soggetto a manipolazioni che non riflettono l'equilibrio tra domanda e offerta nell'economia reale. Esperti autorevoli descrivono la Borsa Ttf come un casinò.

Un esempio è Salvatore Carollo, che su «RivistaEnergia.it» espone un paradosso. Alla Borsa di Londra del petrolio Brent si muove quotidianamente un volume di transazioni pari a 2000 miliardi di dollari, e quindi i suoi prezzi riflettono rapporti reali fra produzione e consumo di greggio. Alla Borsa Ttf di Amsterdam, invece, le transazioni in media sono di 1 o 2 miliardi al giorno, sottilissime e, come tali, suscettibili di essere influenzate dalla speculazione. Quante neo-Enron stanno giocando lì dentro? Tant'è che quelle quotazioni, ad Amsterdam, reagiscono a effetti-annuncio più ancora che ai cambiamenti reali tra la domanda e l'offerta. Le anticipazioni degli speculatori sugli scenari politici pesano più dei quantitativi che scorrono o smettono di scorrere nei gasdotti. Sospetti analoghi hanno investito un'altra Borsa, quella di Lipsia, in Germania. Lì si scambiano titoli derivati, i *futures*, sui prezzi dell'elettricità.

Dietro la Russia, pure Olanda e Norvegia lucrano a loro volta extraprofitti sul loro gas naturale. La prima è uno Stato membro dell'Unione europea, ha giacimenti di gas importanti, eppure non intende aumentarne la produzione. Da qualche parte c'è sempre un argomento «ambientalista», contro le energie fossili, che serve a coprire interessi economici. La Norvegia è uno Stato membro della Nato, ma la sua solidarietà atlantica non include il gas. In una celebre serie televisiva norvegese di qualche anno fa, «Occupied», gli ambientalisti prendono il potere a Oslo e decretano lo stop a tutte le forniture di energie fossili: in quella trama di fantapolitica è un'occupazione militare russa a ripristinare i flussi del gas. Il mondo reale è più cinico e banale. I norvegesi, come gli olandesi, condannano Putin, ma usano la sua guerra per arricchirsi. D'altronde, gli appelli italiani per una solidarietà europea vengono accolti con scetticismo nel profondo Nord. Cosa attende l'Italia a estrarre il suo, di gas, anziché lasciare che siano i croati a succhiare i giacimenti marini dell'Adriatico?

Per quante neo-Enron ci siano oggi alla Borsa di Amsterdam, prendersela con la speculazione non basta. Proprio come accadde in California nell'estate 2000, gli squali della finanza sfruttano gli errori dei politici. La California aveva voluto accontentare tutte le constituency. In omaggio all'ideologia neoliberista e ai mercati finanziari aveva liberalizzato il mercato dell'elettricità, ma la sua era una riforma a metà che proteggeva le utenze finali dalle fluttuazioni tariffarie; le utility elettriche erano strette in una morsa fra prezzi all'ingrosso che salivano e tariffe al dettaglio semibloccate. In mancanza di rincari, gli utenti non erano incentivati al risparmio.

Anche oggi, in Europa, guardare solo al «casinò» olandese del Ttf non basta. Le riforme dei sistemi tariffari che hanno vincolato le bollette al costo marginale del gas non hanno tenuto conto di novità strutturali. Un ambientalismo dottrinario e superficiale, alleato con il nuovo business finanziario dei fondi Esg – il cui marketing promette di salvare il pianeta –, ha voluto illuderci sulla possibilità di una transizione totale e veloce alle rinnovabili. La finanza di Wall Street si è convertita a questo dogmatismo per trasformarlo in un'altra fonte di profitti. Un risultato è stato lo sciopero di investimenti nell'estrazione di gas, anche dove abbonda.

Le nuove Enron agiscono nel contesto di un gigantesco trasferimento di risorse che va dall'Occidente (ma anche dalla Cina) verso i paesi emergenti produttori di energie fossili, che non hanno smesso di crederci. Questi ultimi ora dettano le regole: chi vuole il gas a prezzi scontati deve firmare contratti di fornitura di lungo periodo, decennali e anche più. Cioè deve ripudiare le promesse un po' frettolose di un mondo senza energie fossili entro poco tempo. Intanto, ventidue anni dopo, la California è di nuovo alle prese con un anno difficile: a base di «razionamenti volontari» del consumo di corrente, che si alternano a periodi di «allarme rosso», quando i telefonini dei residenti ricevono l'avviso di tagliare l'uso di elettrodomestici. Ventidue anni dopo, Enron è ormai un relitto del passato, ma il rischio di blackout non è scomparso. L'ambientalismo non aiuta. Per non aver investito abbastanza nel nucleare o in centrali a gas, la California è costretta a importare elettricità da Stati vicini come Arizona e Wyoming, o addirittura dal Canada; in questo modo è soggetta ai loro «capricci» sui prezzi e il residente della California paga una bolletta della luce molto più alta che altrove (290 dollari al mese contro una media nazionale di 154).

Persino le energie rinnovabili sono ostaggio di un ambientalismo radicale che maschera egoismi e interessi localistici. È il fenomeno Nimby, acronimo di Not In My Back Yard, «Non nel mio cortile». Le energie rinnovabili sono meravigliose, per questo tipo di ambientalisti, a condizione che rimangano lontane da casa loro. E questo non è un problema solo in California, ma in tutti gli Stati Uniti. Lo ammette perfino un noto reporter ambientalista, Gabriel Popkin, autore di inchieste sulle grandi foreste americane. In un articolo sul «New York Times» (*Are There Better Places to Put Large Solar Farms?*, 21 settembre 2022) elenca tutte le resistenze che ostacolano la costruzione di grandi centrali solari. L'America ha la fortuna di avere vasti deserti, ed è lì che viene insediata la metà delle nuove centrali solari. Le altre sono destinate a finire soprattutto in aree verdi, praterie o terreni da pascolo o foreste. Apriti cielo: l'energia solare è nemica dell'ambiente. Popkin passa in rassegna le numerose organizzazioni ambientaliste (come il Piedmont Environmental Council e la Chesapeake Bay Foundation) che si battono strenuamente per impedire la costruzione di nuove centrali solari. L'assemblea legislativa della Virginia, cedendo a queste pressioni, ha varato una legge che limita fortemente la possibilità di insediare vasti impianti di pannelli fotovoltaici.

De te fabula narratur: questo fenomeno non accade solo negli Stati Uniti. In Italia, centinaia di progetti di energie rinnovabili sono bloccati da resistenze di tipo ambientalista-Nimby. Gli stessi militanti presentano l'energia eolica e solare come la panacea miracolosa per salvare il pianeta e neutralizzare Putin, salvo che appaia una pala eolica all'orizzonte di casa loro. D'altronde, un massiccio ricorso alle rinnovabili in Italia dovrebbe fronteggiare questo problema: il Sud ha più sole e più terreni disponibili, quindi dovrebbe essere invaso da megacentrali solari, la cui elettricità verrebbe trasportata perlopiù al Nord, dove c'è più popolazione e più industria. Le resistenze sarebbero enormi. Ma i guru dell'ambientalismo nei talk show non devono fare i conti con questi vincoli della realtà: preferiscono sognare a occhi aperti un'Italia a «zero emissioni».

Che cosa ci riserva il futuro prossimo, e quello più lontano?

Per premunirsi contro la scarsità di gas naturale occorrono previdenza, lungimiranza, capacità di anticipare i problemi e, poi, muoversi rapidamente per approntare le soluzioni. Su questo terreno dobbiamo andare a lezione da un piccolo paese baltico, l'Estonia. È estone il primo nuovo rigassificatore offshore inaugurato in tempi record, a novembre 2022, dopo l'invasione dell'Ucraina e il ricatto di Putin sul gas. Il nuovo terminale estone per convertire il gas liquido importato da altre parti del mondo è una gigantesca piattaforma galleggiante in grado di accogliere le più grosse navi attrezzate per il trasporto e la trasformazione (rigassificazione) del gas liquido. La velocità con cui l'Estonia taglia il traguardo del primo rigassificatore offshore post-Ucraina è tanto più ammirevole in quanto questo paese dipende poco dalla Russia per il suo approvvigionamento energetico (pur avendo con la Russia un confine di circa 300 chilometri). A differenza dell'Italia e della Germania, i tre quarti del fabbisogno energetico dell'Estonia vengono soddisfatti con la produzione domestica di *shale oil*.

Ma un altro paese baltico aveva preceduto l'Estonia: la Lituania, che fino a otto anni fa riceveva il 100 per cento del suo gas da un singolo gasdotto russo della Gazprom, e costruì un rigassificatore proprio nel 2014, l'anno dell'invasione della Crimea da parte di Putin. Quando, cioè, le intenzioni del leader russo sarebbero dovute apparire chiare a tutti.

L'importanza dei rigassificatori oggi è balzata alle stelle: il gas liquido trasportato da apposite navi cisterna può venire da molti fornitori, tra cui i due maggiori produttori mondiali che sono gli Stati Uniti e il Qatar. Tra gli altri paesi produttori che sono attrezzati per fornire il gas via mare ci sono Norvegia e Australia. Le capacità di esportazione, però, sono limitate dall'esistenza di infrastrutture adeguate, cioè appunto quegli appositi terminal portuali nei paesi di partenza dove l'energia fossile viene trasformata dallo stato gassoso a quello liquido (per poter essere trasportata), poi nuovamente trasformata nel senso inverso al porto di arrivo; più le navi cisterna, alcune delle quali sono anche degli impianti di conversione galleggianti. Tutti gli attori di questa partita si stanno adeguando alla nuova geografia della domanda mondiale, alcuni (l'Italia) più lentamente di altri (la Germania ha acquistato o noleggiato 5 maxinavi rigassificatrici).

I paesi europei devono competere con quelli che erano i consumatori storici del gas liquido trasportato su navi cisterna: Cina, Giappone, Corea del Sud. E devono rassicurare i venditori, i quali sono stati scottati dalla nostra instabilità. I dirigenti del Qatar ricordano che nel 2020, con la pandemia, il prezzo del loro gas era crollato ai minimi storici di tutti i tempi: 4,39 dollari per milione di British Thermal Unit o Btu, l'unità di misura di questa energia. Nessuno lo voleva più, e gli europei erano incantati dalle prediche di Greta Thunberg. Invece, nell'estate 2022 la capitale del Qatar, Doha, è diventata la meta di un incessante pellegrinaggio di leader europei, intenti a elemosinare contratti di fornitura per sopperire alla carenza di gas russo. Sempre, però, con una schizofrenia, secondo il ministro dell'Energia del Qatar, Saad al-Kaabi: gli europei vogliono comprare gas del Golfo, tanto e subito, ma al tempo stesso preferiscono firmare contratti solo fino al prossimo inverno. Non intendono impegnarsi su contratti a lungo termine per non tradire i propri impegni sul clima, come se l'Europa potesse diventare un paradiso a «zero emissioni» nei prossimi dodici mesi. Il risultato è che il Qatar si è vincolato con contratti decennali con molti clienti asiatici, e così ha meno gas per noi. D'altronde, la stessa Agenzia internazionale dell'energia (Aie) – che rappresenta i grandi paesi consumatori, tra cui l'Italia – prevede che i consumi di gas naturale andranno crescendo ancora fino al 2050.

«La buona notizia è che la Germania può superare l'inverno senza gas russo. Diffondere il panico è fuori luogo.» La sobrietà di questa affermazione, rassicurante, si unisce alla sua autorevolezza. È una delle conclusioni a cui giunge un rapporto del think tank Econtribute.de, nato dalla collaborazione tra le università di Bonn e di Colonia. Le squadre di esperti che vi hanno lavorato tracciano un quadro della situazione energetica molto completo. Alcune delle constatazioni degli esperti sono generalizzabili, il loro scenario si può applicare anche ad altre parti d'Europa.

L'assenza di catastrofismo è benvenuta, tuttavia viene mitigata da un'affermazione come questa: «In ogni caso l'invasione russa dell'Ucraina ha reso la Germania più povera, in modo durevole, perché i tempi dell'energia a buon mercato sono finiti». L'impoverimento è relativo, si riferisce a un paese molto ricco, che ha le spalle larghe e può assorbire la botta: «Non siamo minacciati da una povertà di massa, non ci saranno rivolte popolari. L'economia dovrà affrontare dei tagli di produzioni di dimensioni simili a quelli che la Germania già dovette compiere durante altri shock economici».

Il rapporto di Econtribute.de elenca anche alcune sorprese positive. L'arrivo di cinque nuovi rigassificatori è più rapido del previsto. Crescono molto le importazioni di energia da paesi diversi dalla Russia. Infine, la Germania ha scorte per l'inverno. Queste buone notizie, però, non bastano a evitare una conclusione severa degli esperti tedeschi: la domanda di energia dovrà scendere del 25 per cento circa. Un taglio ai consumi di queste dimensioni sarà il portato di due azioni: da un lato, una recessione, che comprime la spesa delle famiglie e l'attività delle imprese, quindi riduce l'uso di energia; dall'altro, una robusta dose di innovazione con cui diversi attori (imprese, ma anche settore pubblico e utenze domestiche) attiveranno nuovi risparmi energetici. Quindi il superamento di questo shock energetico avverrà attraverso un mix di regresso (impoverimento) e progresso (innovazione che ci renderà più efficienti nell'uso di risorse scarse come l'energia). Del resto fu così che ne uscimmo anche in passato: vedi i due shock energetici degli anni Settanta.

La strategia europea, pur segnata da ritardi e notevoli differenze da un paese all'altro, ha avuto una certa logica. Prima abbiamo fatto incetta di gas (in gran parte russo) per riempire gli stock e crearci le provviste da usare d'inverno. Raggiunto in parte quell'obiettivo, stiamo seguendo (con minore o maggiore efficacia) gli altri tre: ridurre i consumi, diversificare le fonti di energia, diversificare le provenienze geografiche delle energie fossili che dovremo continuare a importare.

Tante cose, però, non hanno funzionato a dovere in Europa. Gli egoismi nazionali ci hanno precluso risparmi sui costi: se esistesse un vero mercato europeo dell'energia, vendendoci elettricità o gas gli uni agli altri ci saremmo evitati certi picchi estremi nei rincari. È accaduto un po' come all'inizio della pandemia, quando ogni governo europeo faceva incetta di mascherine e apparecchi respiratori per i propri abitanti. Abbiamo ereditato dei meccanismi di formazione delle tariffe elettriche che funzionavano in passato ma hanno retto malissimo alla prova di questa crisi. Il fatto che le tariffe elettriche siano agganciate al costo dell'energia «marginale» (cioè la più cara) aveva una logica anni fa. Per esempio, aiutò le energie rinnovabili quando costavano più di quelle fossili. Va ricordato che ogni investimento in una nuova centrale (sporca o pulita che sia) necessita di molti anni di ammortamento, ha quindi bisogno di certezze sui prezzi futuri.

La nuova guerra per l'energia è già cominciata, lo ha dimostrato il viaggio del cancelliere tedesco Olaf Scholz in Canada alla fine di agosto 2022. La Germania fa oggi quel che avrebbe dovuto fare vent'anni fa. Il governo italiano corre il rischio di arrivare in ritardo, quando altri avranno già messo un'ipoteca sulle energie del futuro. La missione di Scholz in Canada ha trattato molti temi: le cronache si sono focalizzate soprattutto sulle forniture di gas naturale e di idrogeno. Per importanza strategica, una partita interessante riguarda gli acquisti di litio e altri minerali rari per le batterie di cui avrà sempre più bisogno l'industria automobilistica tedesca, se vuole realizzare i suoi piani di conversione a gamme «tutte elettriche». Da notare la coincidenza con l'annuncio che la California – il più grosso mercato statunitense e un importante sbocco per il made in Germany – vieterà la vendita di auto a benzina o diesel dal 2035.

Il Canada è un attore fondamentale nella grande partita geostrategica sulle terre rare e altri minerali o metalli come il litio. Di sicuro l'hanno capito Mercedes-Benz e Volkswagen, che in occasione della missione di Scholz hanno firmato accordi con partner canadesi per assicurarsi l'accesso a nichel, cobalto e litio, tre componenti essenziali per le batterie. Le proiezioni di Bloomberg vedono un incremento delle vendite di auto elettriche dal 10 per cento del totale nel 2021 al 40 per cento entro il 2030. Le case automobilistiche tedesche sono tra le protagoniste di questa transizione. I produttori di auto elettriche sono in una situazione di pericolosa dipendenza dalla Cina, che controlla l'80 per cento dei componenti. Il più grande produttore globale di batterie, la Catl (cinese), costruirà la sua seconda gigafabbrica europea in Ungheria, dopo quella aperta in Germania, per rifornire in particolare l'industria tedesca. Dei sei maggiori produttori mondiali di batterie, il primo è cinese, il secondo coreano, seguiti da tre coreani e un giapponese.

Scholz è andato in Canada a parlare di questo, perché il paese nordamericano è uno dei pochi produttori di minerali e terre rare rimasto fuori dal controllo cinese. La Germania ha capito che la corsa per garantirsi approvvigionamenti sicuri nei minerali rari è già cominciata da molti anni, e i cinesi la stanno stravincendo. Bisogna muoversi subito per prevenire un disastro energetico, economico ed ecologico sul fronte delle energie verdi.

Altri due fronti sono emersi con prepotenza in quella visita: la Groenlandia e gli oceani. Un'azienda canadese, la Neo Performance Materials, sta comprando diritti di estrazione mineraria in Groenlandia (territorio della Danimarca con ampi margini di autonomia) per andarvi a scavare materiali magnetici usati nelle batterie elettriche. La Neo di Toronto è una delle poche aziende non cinesi in grado di separare chimicamente i magneti per batterie dal terriccio estratto dalle miniere. Finora la Neo usava materiale estratto in Russia e ora deve cercarlo altrove, di qui la puntata in Groenlandia. Ma, attenzione: la Neo, pur essendo canadese, non effettua queste lavorazioni chimiche nel proprio paese, bensì nelle fabbriche che possiede in Estonia e in Cina. Perché? Per aggirare le resistenze ambientaliste contro lavorazioni «sporche». Per la stessa ragione, l'unica altra azienda occidentale impegnata in questo business, la Lynas, estrae minerali in Australia ma li lavora in Malaysia. La stessa Groenlandia ha resistito a lungo prima di concedere i diritti di estrazione, sempre per ragioni ambientaliste.

Un problema analogo si pone per lo sfruttamento dei fondali marini. Il futuro delle energie pulite potrebbe dipendere anche dall'estrazione mineraria nelle viscere degli oceani: un solo «letto oceanico» come la Clarion-Clipperton Zone, tra il Messico e le Hawaii, contiene un alto volume di noduli metallici di cobalto, manganese e litio. A sud di quell'area, le isole Cook hanno già cominciato a esplorare i fondali marini per ricavarne quei metalli essenziali alla transizione verde; la zona marittima sotto la sovranità delle isole Cook contiene 12 miliardi di tonnellate di noduli metallici, ricchi soprattutto di cobalto. L'International Seabed Authority, un'agenzia indipendente fondata dalle Nazioni Unite, sta fissando le regole per lo sfruttamento di queste risorse da parte dei 168 paesi membri. Alcune aziende occidentali si sono già precluse questa opportunità: Bmw, Renault e Volkswagen hanno firmato una moratoria su richiesta di Greenpeace, impegnandosi a non comprare cobalto estratto dai fondali marini.

Si sta costruendo, sotto i nostri occhi, «il nuovo ordine energetico mondiale». Secondo «Foreign Affairs», la più autorevole rivista di geopolitica americana, in questo ordine ha molto più peso il tema della sicurezza, a fianco all'obiettivo della sostenibilità. Vediamo un ritorno in forze del ruolo dello Stato nel settore dell'energia, in una misura «sconosciuta in tempi recenti»; l'interventismo pubblico su vasta scala ci riporta agli anni Settanta. L'Europa «con la guerra in Ucraina ha subìto il suo 11 settembre», ed è un laboratorio di questo nuovo esperimento. «Ridurre le emissioni carboniche resterà un obiettivo prioritario» sostengono gli studiosi Meghan O'Sullivan, di Harvard, e Jason Bordoff, della Columbia University, «ma la sicurezza degli approvvigionamenti avrà altrettanta importanza.» Questo significa una rivincita del pragmatismo: il passaggio alle fonti rinnovabili non può che essere graduale, il loro uso (pur crescente) ha bisogno di essere accompagnato a lungo da carburanti fossili, gas naturale in testa.

Il «Wall Street Journal» vede un mondo che si riorganizza attorno a tre blocchi: «Gli Stati Uniti e i loro alleati occidentali che usano il loro potere d'acquisto come un'arma politica; la Cina e altre nazioni emergenti, come India, Turchia e Vietnam, che continuano i loro affari con la Russia; l'Arabia Saudita e gli altri produttori del Medio Oriente, che restano neutrali e cercano di espandersi». È «la fine del libero mercato dell'energia». Questo settore vitale per tutto il resto dell'economia sarà segnato in profondità dalle barriere geopolitiche.

In tale contesto s'inserisce l'amministratore delegato dell'Eni, Claudio Descalzi, che ascolto in occasione di un suo passaggio a New York. L'Eni possiede riserve di gas in molti paesi, tra cui Egitto, Libia, Algeria, Ghana, Congo, Indonesia. Non deve quindi andare a comprare gas altrui, deve però negoziare i permessi per trasportarlo verso l'Italia.

Il chief executive dell'Eni intravede un futuro migliore non solo per l'Italia o per l'Occidente, ma potenzialmente per l'umanità intera. La ragione della sua visita negli Stati Uniti, infatti, è un sopralluogo presso un impianto pilota della fusione nucleare: il Commonwealth Fusion Systems (Cfs), un progetto nato dal Massachusetts Institute of Technology (Mit) con l'appoggio del governo federale Usa, e di cui l'Eni è il maggiore azionista privato. Il prototipo sarà operativo nel 2025, l'impianto industriale seguirà nel 2030 e, a partire da quell'anno, Descalzi si aspetta che la fusione nucleare possa conoscere una diffusione importante. Almeno a cominciare da Stati Uniti e Regno Unito, i due paesi all'avanguardia su questo terreno. «Il Congresso di Washington ci crede e vuole destinare fondi importanti alla fusione.» La fusione «è il contrario della fissione» sottolinea, ricordando che questa nuova tecnologia «non genera radioattività, non produce scorie». Ha costi bassi, usa come materia prima l'acqua «pesante», cioè non distillata, anche quella di mare. E la consuma in piccole quantità, «da una bottiglia può generare 250 megawatt in un anno». L'investimento iniziale non è enorme, 1 miliardo per il prototipo, e se si dovesse andare verso tante repliche i costi scenderebbero ancora.

La fusione nucleare, o l'atomo pulito, è un sogno che la scienza insegue fin dagli anni Cinquanta. L'amministratore dell'Eni pensa che stavolta le probabilità di successo siano incoraggianti, sente che una svolta è vicina. Considera enormi i benefici per l'ordine globale: «Il mondo non sarebbe più diviso tra chi ha e chi non ha accesso a risorse rare, che siano il petrolio o il gas o i minerali per le batterie dell'auto elettrica. L'acqua pesante ce l'hanno tutti. Le centrali sarebbero piccole. L'elettrificazione low cost diventerebbe accessibile perfino alle zone più povere dell'Africa, dove per centinaia di milioni di persone la corrente è ancora un lusso. Avremmo centrali piccole, diffuse, alla portata di chi finora è dipendente dalle materie prime altrui».

L'orizzonte 2030 può sembrarci lontanissimo, «ma se non vogliamo restare al gelo nell'inverno 2030 è oggi che dobbiamo cominciare a prepararci». Se gli Stati Uniti e il Regno Unito cominceranno a costruire centrali a fusione nucleare, cadrà la resistenza degli italiani, dei tedeschi, dei giapponesi? Descalzi è convinto che «se la fusione mantiene le promesse, se funziona, tutti i paesi vorranno averla; i costi bassi insieme all'assenza di radioattività saranno un argomento irresistibile».

Quel cambio di paradigma, sottolineato dalle inchieste del «Wall Street Journal» e di «Foreign Affairs», il chief executive della multinazionale italiana lo ha notato nell'atteggiamento dei suoi azionisti Usa. Ancora all'inizio del 2021 volevano parlare solo di sostenibilità e rinnovabili. Di colpo, nell'estate 2021, tutti hanno cominciato a preoccuparsi per la scarsità dell'offerta di energie fossili. Il Covid-19 si stava ritirando, la ripresa mondiale andava forte (con il traino della Cina, allora) e il re era nudo: gli scenari di una transizione iperveloce al «tutto-rinnovabili» erano chiaramente illusori, tant'è che tornava in auge persino il carbone, pur di evitare la paralisi economica. Il ricorso a energie fossili resterà insostituibile a lungo, soprattutto se pensiamo ai loro derivati, come i fertilizzanti per l'agricoltura. Tra le alternative, oltre al nucleare, attira sempre più l'attenzione anche l'idrogeno.

Il settore dell'idrogeno sta vivendo un fermento senza precedenti. Tra annunci di raccolta fondi e un maggior sostegno dei governi, le strutture che sfruttano il potere di questo vettore energetico stanno proliferando in tutto il mondo. L'Unione europea ha inserito l'idrogeno tra le fonti rinnovabili al centro della sua agenda per una transizione verso la sostenibilità. L'elenco delle possibili applicazioni dell'idrogeno è lungo: celle a combustibile che possono alimentare veicoli elettrici o fornire elettricità in luoghi remoti o non collegati in rete, iniezione nelle reti di gas naturale o soluzioni di stoccaggio per l'energia rinnovabile. Poiché rilascia solo acqua, la combustione dell'idrogeno ha il vantaggio di non emettere particelle di zolfo e ossido di azoto. Un altro vantaggio è che mentre ci vogliono diverse ore per ricaricare una batteria per veicoli elettrici, un serbatoio di idrogeno può essere riempito in pochi minuti. L'idrogeno può essere utilizzato anche per immagazzinare elettricità che non viene consumata immediatamente, affrontando così le sfide legate alla natura intermittente delle fonti rinnovabili, come l'eolico e il solare. Il grande problema è il costo di produzione. Ma anche se oggi i costi di produzione dell'idrogeno «verde» sono tre volte superiori a quelli del suo equivalente «grigio» (cioè ottenuto usando energie fossili), un incremento della capacità della produzione globale e la creazione di un mercato su larga scala dovrebbero contribuire a raggiungere un migliore equilibrio.

In occasione della pubblicazione del *Global Hydrogen Review 2021* dell'Agenzia internazionale dell'energia, il direttore esecutivo Fatih Birol ha commentato: «In passato abbiamo sperimentato false partenze con l'idrogeno, quindi non possiamo dare il successo per scontato. Ma, questa volta, stiamo assistendo a progressi entusiasmanti». Mentre l'Aie non sottovaluta il problema dei costi di produzione dell'idrogeno pulito, il mercato si sta muovendo. La capacità globale degli elettrolizzatori, la tecnologia che permette di estrarre idrogeno dall'acqua utilizzando l'elettricità, è raddoppiata nel giro di cinque anni. Tra gennaio 2019 e metà 2021 le aziende specializzate nella produzione, distribuzione e utilizzo dell'idrogeno hanno evitato lo sconvolgimento causato dalla pandemia e sono riuscite a raccogliere quasi 9,5 miliardi di euro di fondi. L'aumento delle fonti di finanziamento ha accelerato il ritmo di nuovi progetti in diversi settori e in tutto il mondo. Un esempio: i treni a idrogeno progettati da Alstom e dotati di trazione senza emissioni sono già sui binari in Germania, Austria e Olanda. Nella primavera 2021 l'operatore ferroviario statale francese, Sncf, ha emesso il primo ordine ufficiale per i treni «dual mode» elettrico-idrogeno, che possono trasportare fino a 220 passeggeri a 160 chilometri orari, con un'autonomia di 600 chilometri. Ci sono sfide tecniche da superare, in particolare la questione delle infrastrutture per il trasporto dell'idrogeno.

Un'altra frontiera dell'innovazione tecnologica è la *carbon sequestration*, che punta a mitigare il cambiamento climatico attraverso soluzioni di «seppellimento» di masse di CO_2.

Una cosa dovrebbe confortarci: questo lungo inverno finirà grazie alla nostra capacità di adattamento, alla nostra flessibilità, alla nostra innovazione. L'amministrazione Biden ha dato prova di flessibilità quando ha varato una manovra d'investimenti pubblici pari a 370 miliardi per il suo Green New Deal. A cui, però, ha tolto questo nome troppo ideologico, anche perché, strada facendo, i propositi ultra-ambientalisti di Biden si sono scontrati con lo shock energetico. Nella nuova legge ci sono generosi aiuti per le fonti rinnovabili, ma al tempo stesso un rilancio dell'estrazione di gas e petrolio. Un mix all'insegna del pragmatismo.

Le crisi servono a crescere. Ci riuscirà anche l'Italia? Un difetto nazionale, che può frenare i nostri migliori talenti, è il piagnisteo allarmista che prelude a richieste di aiuti pubblici a pioggia. Ci sono tanti soggetti deboli – famiglie povere, certe piccole imprese – che davvero non ce la farebbero da sole a pagare le bollette, nell'attesa che passi questo lungo inverno della nostra transizione energetica. Vanno aiutati, e solo lo Stato può farlo. Guardando i numeri degli aiuti già varati nel 2022 sotto il governo Draghi, si scopre che sono considerevoli. Tra sconti sulle bollette, sussidi alle famiglie con basso reddito, riduzione delle accise sulla benzina, si sfiorano i 60 miliardi, più del 3 per cento del Pil italiano.

Aiutare troppo, aiutare tutti, compresi coloro che hanno le spalle larghe per reggere i costi aggiuntivi, toglierebbe alla crisi la sua funzione di stimolo. Quelli che possono pagare, se subiscono lo shock energetico senza essere protetti dallo Stato, saranno incentivati a dare il meglio di sé per soluzioni innovative in ogni campo. Lo Stato-mamma che aiuta tutti è la ricetta meno efficiente. Anche perché affida risorse sempre crescenti in gestione ai nostri burocrati, con il risultato che sono loro a disegnare il futuro del paese.

IV

Alimenti e clima, la guerra del grano

S'intitola *2022: i sopravvissuti*. Titolo originale: *Soylent Green*. È un film di fantascienza del 1973, regia di Richard Fleischer, protagonista Charlton Heston. Va rivisto oggi. Non solo perché è considerato un capolavoro nel genere distopico. Ma soprattutto perché, riscoprendo come noi immaginavamo il mondo del 2022 cinquant'anni prima, possiamo riesaminare tutte le previsioni sbagliate di allora. Con una certezza: se non ci liberiamo dei nostri pregiudizi ideologici, continueremo a sbagliare previsioni, all'infinito.

Tanto per cominciare *2022: i sopravvissuti* è ambientato in una New York con 40 milioni di abitanti. Oggi siamo sotto i 9 milioni ufficiali, e gli abitanti reali nel post-pandemia sono pure diminuiti. Fatte le debite proporzioni, il film distopico immaginava dunque che nel 2022 la popolazione mondiale sarebbe arrivata a 40 miliardi, invece siamo poco più di 8 miliardi. Inoltre, il tema fondamentale di quella pellicola è la mancanza di cibo, e la miseria di massa. Il titolo del film in inglese è il nome di un alimento immaginario, il Soylent Green appunto, estratto dal plancton marino per nutrire una popolazione stremata dalla fame.

Oggi siamo più ricchi che nel 1973, e il cibo non ci manca affatto, semmai abbiamo un problema di obesità, soprattutto tra i poveri, che è un'altra cosa. Quel film, pur apprezzato per le sue qualità artistiche e l'ispirazione visionaria, conteneva tutti gli errori di previsione che ci hanno condizionato per decenni. Cinquant'anni fa andava di moda parlare di «limiti dello sviluppo»; c'era l'ossessione della bomba demografica (troppe nascite); dominava la certezza che il pianeta non avrebbe mai potuto sfamare una popolazione eccessiva. Quelle previsioni apocalittiche si sono tutte rivelate sbagliate, una dopo l'altra. Ma il fatto che non si siano avverate non ci ha guariti dal catastrofismo. Anzi.

La bomba demografica si è sgonfiata praticamente ovunque, fuorché in Africa (per ora); ma subito siamo passati all'allarme opposto, ora lamentiamo lo spopolamento prossimo venturo. Lo sviluppo è ripartito alla grande in tutta l'Asia dagli anni Ottanta, sollevando dalla miseria metà dell'umanità. La rivoluzione agricola – a cominciare dall'India – ha consentito di sfamare 8 miliardi di persone, sia pure con sacche di denutrizione e sottoalimentazione. Il cibo non è mai mancato; ad alcuni manca il reddito per comprarlo, che è un problema drammatico di povertà e diseguaglianza, ma non c'entra nulla con il presunto esaurimento della produzione agricola. Eppure non c'è alcun pentimento da parte degli apocalittici. Sbagliata una profezia di malaugurio, ne hanno subito pronta un'altra. La questione alimentare continua a essere al centro di visioni distopiche, oggi legate al cambiamento climatico. L'anno del film è arrivato, ma *2022: i sopravvissuti* continua a popolare i nostri incubi. Sullo stato dell'agricoltura mondiale circolano miti allucinanti. Il contatto con la realtà farebbe bene a tutti, per distinguere i problemi veri da quelli immaginari. Nel lungo inverno che stiamo per attraversare, è essenziale capire le cause effettive della crisi, anche nel settore del cibo.

Una manifestazione in piazza Plebiscito dei panificatori di Napoli, il 29 settembre 2022, fu uno dei primi segnali di «benvenuto» alla maggioranza di centrodestra guidata da Giorgia Meloni: una conferma che il nuovo governo era atteso da dure prove. I panificatori, quel giorno, lamentavano che il costo per fare il pane era quintuplicato.

Quel grido di protesta riecheggia problemi che sono mondiali. Il World Food Program delle Nazioni Unite ha definito il 2022 «un anno di fame senza precedenti». Secondo le stime dell'organizzazione internazionale, 50 milioni di persone sarebbero «sull'orlo della carestia». Il numero non è enorme, se commisurato agli 8 miliardi di abitanti del pianeta, anche se il World Food Program vi aggiunge circa 800 milioni di persone che soffrono di un'alimentazione inadeguata. Pure questa stima allargata rappresenta comunque il 10 per cento della popolazione mondiale, e dovrebbe essere un problema risolvibile. Il guaio è che manca un consenso sulle cause e le soluzioni di questa crisi alimentare. In particolare, due tabù impediscono di affrontarla in modo adeguato. Entrambi chiamano in causa i dogmi dell'ambientalismo radicale e di un salutismo dottrinario.

Il primo problema riguarda il ruolo dell'energia fossile nella produzione di alimenti. I panificatori di Napoli mettono a fuoco la questione, perché la loro protesta è contro le bollette elettriche. I forni consumano energia, è da lì che arriva la massima spinta inflazionistica sul costo del pane. Di questo si tratta, non di una carenza di grano o di farina. Gli allarmi apocalittici sul cambiamento climatico che farebbe crollare i raccolti agricoli sono il frutto di un'irresponsabile disinformazione. La farina per fare il pane non manca affatto, però costa più cara di prima. Una ragione sta nella lotta dissennata per una rapida eliminazione di tutte le energie fossili che, insieme con le contro-sanzioni di Putin, ha fatto impazzire i prezzi del gas. Questo ha ripercussioni alimentari che vanno ben oltre la bolletta elettrica per i forni dei panificatori. La tariffa elettrica è solo una delle voci di costo che sono rincarate in eccesso, la più visibile, la punta dell'iceberg. Si tende a dimenticare un problema più vasto che sta a monte. È il ruolo del gas naturale nell'agricoltura, quindi in ultima istanza nella nostra sicurezza alimentare.

Gas e petrolio sono ingredienti di base per produrre ammoniaca e acido solforico, che a loro volta servono per fare i fertilizzanti; inoltre, nel processo di produzione di questi concimi chimici viene consumato altro gas. L'aumento nei costi di queste materie prime, tutte derivate da idrocarburi fossili, spiega la maggior parte del rincaro dei prezzi alimentari, pari a +18 per cento a livello mondiale tra il 2021 e il 2022.

Se vogliamo sfamare l'umanità, cosa che è perfettamente possibile con l'attuale produttività dell'agricoltura, non abbiamo un problema di quantità ma di costi. E sui costi incide in massima parte la questione energetica. Superato l'ammanco di gas russo, da sostituire definitivamente con altre fonti, dobbiamo accettare il fatto che le energie fossili resteranno essenziali a lungo. Non solo per avere energia elettrica a sufficienza, ma anche per avere la materia prima del pane a un costo abbordabile per la massa dei consumatori. È la penuria di fertilizzanti la singola causa più impellente dei rincari alimentari che aggravano il problema della fame nel mondo.

Un altro fattore alla base dell'inflazione alimentare è il ruolo della siccità. L'estate 2022 ha visto diverse aree del mondo colpite dalla mancanza di pioggia. Ne hanno sofferto le grandi agricolture dell'Europa centro-settentrionale, la Cina, l'India, alcune regioni del Midwest americano. In parte il problema si sta risolvendo da solo. Un po' perché l'emisfero Sud del pianeta – dove si trovano superpotenze agricole come Argentina, Brasile, Australia – ha cicli meteo diversi e può compensare la produzione mancante nell'emisfero Nord. Un po' perché l'aumento dei prezzi contrae i consumi, e la dinamica di mercato tende a raffreddare l'inflazione: è già successo per una materia prima come il cotone, sceso velocemente del 25 per cento dopo i picchi dei prezzi legati alla siccità. Se arriva una recessione, compriamo meno vestiti. E i grandi gruppi del settore tessile-abbigliamento hanno già cominciato a moderare i loro approvvigionamenti.

Infine c'è l'altro tabù da affrontare. In un mondo dove il cambiamento climatico può rendere più frequenti e più gravi le siccità, la via maestra per proteggerci la offre la scienza: è la manipolazione genetica. La ricerca sugli organismi geneticamente modificati (Ogm) consente di selezionare piante che consumano meno acqua. Lo stesso vale per il ciclo della fotosintesi: si possono creare piante commestibili, come la soia, i cui rendimenti nei raccolti migliorano dal 20 al 30 per cento. Il futuro dell'umanità dipende da queste frontiere della sperimentazione scientifica. Purtroppo in Europa, e particolarmente in Italia, decenni di una campagna oscurantista contro gli Ogm – smentita dalle indagini scientifiche che hanno escluso la loro nocività – ha fatto accumulare ritardi su questo fronte. Chi vuole davvero migliorare la sorte di quei 50 milioni di esseri umani minacciati dalla carestia, e degli 800 milioni che non mangiano in modo adeguato, dovrebbe convertirsi alla scienza.

I dati sono inconfutabili: il pianeta produce molto più cibo di quanto serva a sfamare i suoi 8 miliardi di abitanti. L'inflazione continua a galoppare in molte aree del mondo, trainata soprattutto dai prezzi del gas. Ma il carovita non è più sospinto dai prezzi alimentari. Le maggiori derrate agricole, in particolare i cereali, sono scese ai livelli di prezzi di prima dell'invasione russa dell'Ucraina. Se concentriamo l'attenzione sul teatro di guerra, che coinvolge il primo esportatore mondiale di grano (Russia) e il quarto (Ucraina), la situazione non è drammatica come si crede, anzi. (Russia e Ucraina sono anche fra i maggiori produttori-esportatori di altri cereali, nonché di olio di semi.) E se la catastrofe è stata evitata non è per merito dell'accordo sponsorizzato da Onu e Turchia, che ha sbloccato il transito di navi cariche di cereali. Pur benefico, quell'accordo è stato raggiunto quando i prezzi dei cereali erano già scesi parecchio, come rilevato dalla Fao, l'agenzia delle Nazioni Unite per l'agricoltura e l'alimentazione.

Una delle spiegazioni la si trova proprio in Russia. Secondo i dati forniti da un osservatorio autorevole come il dipartimento dell'Agricoltura degli Stati Uniti, la produzione e l'esportazione di grano dalla Russia è ai massimi storici. Nella stagione agricola 2022-2023 Mosca venderà al resto del mondo 38 milioni di tonnellate di grano, cioè 2 milioni di tonnellate in più rispetto alla stagione precedente. La guerra non ha avuto un'influenza negativa, le condizioni climatiche nemmeno, in barba alle previsioni sulla fine del mondo dietro l'angolo.

Un sospetto affacciato da «The Economist» è che i grandi intermediari specializzati nel commercio di materie prime agroalimentari abbiano generato il panico per specularci sopra, giocando sui parallelismi con il mercato dell'energia.

Questo non significa che non ci siano problemi alimentari. Le siccità che colpiscono l'emisfero Nord del pianeta hanno danneggiato diversi raccolti agricoli e provocato fiammate nei prezzi. Però non si sono verificati quegli eccessi di scarsità generalizzata che venivano annunciati.

A livello mondiale non esistono le condizioni di una penuria. Tra le superpotenze agricole, il Canada ha aumentato la produzione di alcune materie prime – per esempio, degli oli di semi – e compensa i deficit in altre aree del mondo.

La mancata Apocalisse va analizzata nel contesto dei grandi numeri della produzione agricola, eccedente rispetto ai bisogni dell'umanità. Guardiamo ai cereali. Il mondo produce più cereali di quanti ne servano alla nostra alimentazione, come dimostrano i dati della Fao. Il surplus è talmente abbondante che il grosso dei raccolti mondiali viene dirottato per alimentare il bestiame d'allevamento, e una parte per produrre biocarburanti. La quantità di cereali usata come alimento animale o biocarburante vale sei volte la produzione di Russia e Ucraina messe assieme. Nel 2019, solo la «popolazione suina» ha mangiato 430 milioni di tonnellate di cereali, cioè il 45 per cento in più di tutta la popolazione cinese. (Quest'ultima, a sua volta, mangia tanta carne di maiale.)

L'uso di cereali per produrre biocarburanti è discutibile per tante ragioni, e tuttavia è destinato ad aumentare, con il gas e il petrolio a questi livelli di prezzi. In quanto all'alimentazione del bestiame da allevamento, una conversione anche limitata di noi umani a diete un po' meno carnivore avrebbe effetti benefici in molti campi: dalla nostra salute all'ambiente (l'industria dell'allevamento è una fonte d'inquinamento importante). Una cosa è certa: l'idea che il pianeta soffra per un deficit di prodotti alimentari è una leggenda, funzionale a sostenere battaglie ideologiche o speculazioni finanziarie, ma priva di fondamenti reali.

C'è un paese al mondo che, pur essendo un grande importatore di grano, non subisce la crisi attuale. È la Cina: ha accumulato per ragioni «misteriose» più scorte di grano di tutto il resto del mondo messo assieme. Cominciò a farlo molto prima che Putin lanciasse l'aggressione militare sul suolo ucraino.

Il dato è ufficiale. Le riserve di grano custodite nei silos cinesi superano i 140 megaton (milioni di tonnellate). Di per sé questa è un'ottima notizia. Però, l'immensa mole delle riserve cinesi lascia sconcertati quando la si confronta con le scorte di grano disponibili nel resto del mondo. La coalizione occidentale composta da Stati Uniti, Europa, Canada e Australia si avvicina a stento a 40 megaton di grano in riserva. L'Asia meridionale, che include l'India, ne ha meno di noi (ma è pur vero che l'India è diventata una grande produttrice-esportatrice di grano). L'area che include Medio Oriente e Nordafrica ha riserve per circa la metà dell'Occidente.

Se si addizionano tutte queste scorte, la conclusione è positiva e, al tempo stesso, sorprendente: il mondo, con 280 megaton di grano, ne ha abbastanza da poter affrontare ogni sorta di emergenza. Però, per mandare i mercati in fibrillazione bastano degli sconvolgimenti parziali in alcuni flussi di rifornimento tradizionali. Inoltre, le riserve di grano sono gestite da ogni nazione secondo criteri specifici, non sono a disposizione di tutti per far fronte alle emergenze locali.

Resta il «mistero cinese». Sommando tutte le riserve di grano del resto del mondo, si rimane un po' al di sotto rispetto agli oltre 140 megaton di cui dispone la Cina. La sua stazza demografica non basta a spiegare questa sproporzione. Pur con 1,4 miliardi di abitanti, la Repubblica popolare è ben lungi dal rappresentare metà della popolazione mondiale. La sovrabbondanza delle sue scorte è il risultato di una politica deliberata, di un'accumulazione iniziata molto prima dell'invasione russa dell'Ucraina. Xi Jinping «sapeva» con tanto anticipo cosa avrebbe fatto Putin, e ne previde le conseguenze sul mercato mondiale del cibo? Certo, la prima tappa dell'aggressione russa risale al 2014, quindi questa spiegazione non è del tutto campata in aria. Va inserita però in un contesto più ampio.

La leadership comunista cinese è ossessionata dal problema dell'autosufficienza alimentare, che tra le altre cose spinge la sua espansione in Africa e America latina. I dirigenti di Pechino possono anche aver previsto anzitempo un rimbalzo della domanda mondiale post-Covid. La nomenclatura comunista teme l'inflazione, non dimentica che il carovita fu una delle cause dell'esplosione di proteste sociali che portarono alla tragedia di piazza Tienanmen nel 1989. Di sicuro, come «trader» e speculatori i governanti cinesi hanno avuto un fiuto notevole: se cominciassero a vendere sui mercati le loro scorte in eccesso, realizzerebbero dei profitti.

Lo faranno? Quando lo faranno? Come? Le riserve di grano, a differenza di quelle di petrolio, non possono essere custodite all'infinito: sono deperibili. In una gestione attiva di questo immenso patrimonio alimentare sul quale «sta seduto» Xi Jinping, si possono fare molte illazioni e simulazioni. La vendita graduale sui mercati, oltre a realizzare profitti a vantaggio delle casse statali cinesi, avrebbe un effetto di calmiere sui prezzi mondiali. Si può immaginare una grande diplomazia umanitaria, in cui Pechino offrirà aiuti in cereali ai paesi più colpiti dalla crisi attuale, in aree del Nordafrica e del Medio Oriente? Prima o poi scopriremo quali strategie e quali calcoli adotterà Xi per usare la sua potenza nella crisi alimentare. Resterà il mistero del perché sia arrivato così preparato in questo frangente.

A che gioco gioca l'India? La prossima nazione più popolosa del mondo (ormai in procinto di sorpassare la Cina, almeno sul piano demografico) ha un ruolo chiave, spesso sottovalutato, in tutte le crisi del momento: dalla guerra in Ucraina all'inflazione dei beni alimentari. Perfino il rincaro del pane in Italia si può collegare, almeno in parte, a certe scelte fatte a Nuova Delhi: l'autarchia che colpisce l'esportazione di derrate alimentari da una delle potenze agricole mondiali. Proprio così: l'India, che per abitudine storica alcuni di noi reputano ancora bisognosa di cibo, in realtà è da anni un colosso dell'export. La scarsità di certi alimenti la sta anche «fabbricando» lei. È uno dei casi in cui le politiche dei governi – giuste o sbagliate che siano nell'ottica nazionale – generano scarsità, più artificiali che reali.

La guerra in Ucraina ha legittimato l'autarchia indiana in un settore strategico: le materie prime agricole. Le fiammate nei prezzi dei cereali, provocate quando le forniture di grano ucraino erano bloccate, non erano causate da una vera penuria fisica del prodotto. I cereali abbondano, però non affluiscono in modo abbastanza spedito dai luoghi di produzione a quelli di consumo; in certi casi rimangono nei paesi di produzione. L'India, pur essendo una grande produttrice grazie a un'agricoltura potente, teme di essere contagiata dagli aumenti dei prezzi anche nei settori dove è autosufficiente e ha un surplus da esportare. Il meccanismo è simile a quello in atto negli Stati Uniti per l'energia: non importa se l'America è autosufficiente in gas e petrolio; poiché i suoi produttori sono liberi di vendere sul mercato aperto e di esportare in Asia o in Europa, anche le tariffe per l'utente americano salgono. Narendra Modi non vuole che 1,4 miliardi di indiani soffrano una decurtazione di potere d'acquisto perché i prezzi del cibo inseguono le tendenze mondiali.

L'India è il più grande esportatore mondiale di riso: lo vende a 150 paesi e, da sola, realizza il 40 per cento della somma totale delle esportazioni. Ne produce a sufficienza per sfamare non solo la propria popolazione, ma anche buona parte di quella africana. Teme, però, che in un mercato aperto le quotazioni del riso si mettano a inseguire l'inflazione mondiale, e che il rincaro contagi anche il prezzo con cui viene venduto all'interno, da Nuova Delhi a Mumbai, da Calcutta a Chennai. E così Modi, nel 2022, ha deciso di limitare fortemente le esportazioni di riso. Ha vietato del tutto la vendita all'estero di «riso spezzato», la varietà più economica che viene usata anche per l'alimentazione del bestiame, ed era venduta in gran quantità in

Africa. Su altre varietà di riso, come basmati e parboiled, il governo di Nuova Delhi ha imposto una tassa del 20 per cento all'export, un altro modo per scoraggiare le vendite all'estero. La logica è stringente: limitando le esportazioni si crea una sovrabbondanza di riso sul mercato interno e si fanno scendere i prezzi al consumo per un alimento essenziale. Sul resto del mondo l'effetto sarà quello opposto.

Nel 2021 l'India ha esportato 21,5 milioni di tonnellate di riso, più delle quattro successive nazioni esportatrici messe assieme: che sono, nell'ordine, Thailandia, Vietnam, Pakistan e Stati Uniti. Queste quattro, per quanto aumentino l'export, faranno fatica a sostituire l'assenza della produzione indiana. I prezzi sono saliti altrove, perché l'India vuol tenere sotto controllo i suoi. Tra i consumatori danneggiati ci sono la Cina, che nel 2021 ha importato 1,1 milioni di riso spezzato per l'alimentazione del suo bestiame da allevamento, e una lunga serie di paesi africani, dal Senegal a Djibouti.

E i rincari italiani? Il nostro pane e la pasta non li facciamo con il riso, ma con la farina di grano. Anche su quella si abbattono, oltre alle note conseguenze della crisi ucraina, quelle meno note dell'autarchia indiana. L'agricoltura indiana – grazie alla sua industrializzazione iniziata alla fine degli anni Sessanta, che fu impropriamente chiamata «rivoluzione verde» (ma non aveva nulla a che vedere con il «bio», anzi avvenne grazie all'uso di fertilizzanti chimici, poi di Ogm) – accumula eccedenze pure nel grano e nella farina di grano. In tempi normali le esportava, al ritmo di 10 milioni di tonnellate l'anno. Quando le forniture ucraine sono diventate aleatorie, e i prezzi mondiali sono saliti, anche qui l'India ha reagito per proteggere i propri consumatori dai rincari. Nel maggio 2022 ha vietato l'export di grano, a fine agosto quello di farina. I suoi acquirenti per grano e farina erano soprattutto paesi emergenti, non l'Italia. Però, quando viene meno un fornitore poderoso come l'India, gli aumenti dei prezzi si ripercuotono da un mercato all'altro, perché ciascuno è costretto a cercarsi altrove delle fonti di approvvigionamento. I mercati mondiali sono vasi comunicanti, e l'inflazione dilaga dall'uno all'altro. L'autarchia che protegge gli indiani non aiuta gli italiani.

Secondo la Coldiretti, le famiglie italiane avranno speso nel 2022 oltre 900 milioni di euro in più rispetto all'anno precedente per il prodotto più presente sulle tavole. «Un chilo di grano viene pagato oggi agli agricoltori intorno ai 36 centesimi e serve per produrre un chilo di pane che viene venduto ai consumatori a prezzi che variano dai 3 ai 5 euro a seconda delle città» spiega l'associazione in un rapporto dell'estate 2022. Se a Milano una pagnotta da un chilo costa 4,46 euro, a Roma si viaggia sui 2,92, a Bologna siamo a 4,91, mentre a Palermo costa in media 3,89 euro e a Napoli 2,16, secondo elaborazioni Coldiretti su dati dell'Osservatorio prezzi del ministero dello Sviluppo economico. Qui siamo scesi dalle macroaree, dalle superpotenze come Cina e India, alle differenze di prezzo tra Milano e Roma, Napoli e Palermo. E i conti non tornano. La farina è la stessa, il suo costo viene determinato a livello mondiale. La bolletta della luce è nazionale. Perché a Milano il pane costa il doppio che a Napoli? Qui c'entra un'altra regola dell'economia di mercato. Fai pagare il prezzo che puoi, in base al potere d'acquisto del tuo cliente. Il pane milanese è indicizzato allo stipendio medio dei milanesi, oltre che al prezzo della farina e della luce. Questo serve a ricordarci che c'è sempre del lavoro da fare per rendere efficienti i mercati, far funzionare la concorrenza, in modo da ridurre le aree di speculazione che si annidano in ogni passaggio della filiera commerciale.

«L'agricoltura può nutrirci tutti?» La domanda perseguita l'umanità fin dalle origini. Esiste una visione pessimista della crescita demografica, che la considera insostenibile. Siamo troppi? Il pianeta non ha risorse sufficienti per tutti? Questa idea, in realtà, era ben affermata quando non eravamo neppure un decimo della popolazione attuale. Il più famoso pessimista della storia fu un economista e demografo le cui opere ebbero grande influenza nei primi decenni dell'Ottocento: Thomas Robert Malthus (1766-1834). Lui vedeva l'umanità prigioniera di una legge economica inesorabile: la popolazione si riproduceva fino a esaurire i limiti delle terre coltivabili. Arrivata a quel punto, la crescita demografica veniva arrestata crudelmente dalla carestia; cioè, essendo troppo numerosi rispetto ai frutti della terra, gli esseri umani morivano di fame. Questo meccanismo spietato metteva un freno all'eccesso di nascite. Il «malthusianesimo» è stato aggiornato e riproposto in varie versioni, sempre con questa idea fissa: c'è un limite naturale al numero di persone che la terra può sostenere. Il fatto che la popolazione mondiale continui ad aumentare viene considerato dai «malthusiani» di oggi come una sciagura, perché stiamo consumando troppe risorse naturali. In particolare, questa visione drammatica viene applicata all'agricoltura. Però le previsioni catastrofiste non si sono mai realizzate finora, pur avendo una storia ormai antica. Perché?

Una risposta interessante viene dall'India. Ancora all'inizio degli anni Sessanta del XX secolo, l'India era considerata a rischio di carestie. Era un paese povero, la sua agricoltura non riusciva a sfamare tutti gli abitanti, ed era costretta a importare una parte del suo fabbisogno alimentare. In occasione di calamità naturali, scattavano operazioni di solidarietà internazionale e i paesi ricchi dell'Occidente mandavano aiuti per evitare un'ecatombe. Poiché l'India manteneva un'elevata natalità e la sua popolazione continuava a crescere, era diffusa la previsione che sarebbe stata esposta a immani tragedie dovute alla miseria. Invece questo non è accaduto. A partire dalla fine degli anni Sessanta l'India, come abbiamo detto, fu protagonista di quella che viene chiamata «rivoluzione verde». L'ambientalismo non c'entrava. Quel tipo di «rivoluzione» consisteva nell'applicare all'agricoltura indiana i metodi delle agricolture più avanzate, per esempio la meccanizzazione, l'uso di fertilizzanti industriali e le innovazioni biogenetiche. Si verificò così un formidabile miglioramento della produttività. Pur rimanendo un'agricoltura di tipo popolare, dove ancora c'è una forte presenza di piccole proprietà, appezzamenti ridotti, aziende a gestione familiare, con l'adozione dei metodi industriali l'India ha fatto tali progressi che non solo non soffre di carestie, ma è diventata uno dei maggiori esportatori mondiali.

La vicenda indiana smentisce il pessimismo «malthusiano» e serve a ricordarci che persino le risorse naturali non sono sempre una quantità fissa e rigida: la loro disponibilità può aumentare grazie al progresso tecnologico. Gli avversari di questo progresso denunciano il fatto che nella nuova organizzazione l'agricoltura indiana riserva un eccessivo potere a quelle multinazionali che producono sementi geneticamente modificate, e questo è senz'altro un problema per i contadini che devono acquistarle. Altre critiche si sono rivelate infondate. Per esempio, l'idea che gli organismi geneticamente modificati siano dannosi per la salute è stata confutata dagli scienziati e la Commissione europea ne ha preso atto. La manipolazione genetica è una delle tecniche attraverso cui si possono selezionare nuove piante che resistono ai parassiti, riducendo così l'uso di insetticidi chimici e altri prodotti inquinanti.

Il mondo non ha risolto tutti i suoi problemi alimentari, malgrado la «rivoluzione verde» indiana. Ci sono ancora carestie in altre aree. Esiste una quota della popolazione del pianeta che rischia sempre di morire di fame, o soffre di una denutrizione che è fonte di malattie. Questi gravi problemi, però, non sono dovuti al fatto che «siamo troppi»; sono invece la conseguenza di un'iniqua distribuzione del reddito. L'agricoltura, con le tecniche odierne, è in grado di sfamare l'intera popolazione del pianeta e anche di più, tanto che soffre periodicamente per una sovrapproduzione. Il vero problema è che una parte dell'umanità è troppo povera per avere un accesso adeguato all'approvvigionamento alimentare.

Non capita spesso che gli ambientalisti radical-chic dei paesi occidentali e il regime cinese siano associati in una comune responsabilità. È successo nello Sri Lanka, che paga gravi conseguenze per quella collusione oggettiva. Il paese è stato preda di una crisi drammatica il cui ultimo capitolo fu segnato, nella primavera 2022, da violente proteste di piazza che spinsero alle dimissioni e alla fuga i fratelli Rajapaksa, rispettivamente presidente (Gotabaya) e primo ministro (Mahinda). Lo Sri Lanka è un paese molto piccolo rispetto ai giganti di quell'area: l'isola ha solo 22 milioni di abitanti, un'inezia rispetto agli 1,4 miliardi del suo vicino settentrionale, che è l'India. Ma occupa una posizione strategica lungo le rotte navali delle Vie della Seta, solcate già tremila anni fa dai mercanti che trasportavano tessuti, spezie, pietre preziose dalla Cina verso l'Asia meridionale, il Corno d'Africa e il Mediterraneo. Perciò lo Sri Lanka (ex Ceylon) porta le tracce di una storia antichissima, dalle origini altrettanto remote della civiltà indiana. Tuttora, proprio per la sua posizione, quest'isola è concupita dai cinesi nell'ambito del loro piano espansionistico noto come Nuove Vie della Seta.

Nel 2022 lo Sri Lanka è finito in bancarotta, che non è solo un disastro finanziario segnato dall'incapacità di restituire debiti o di farsi concedere nuovi prestiti: il paese non aveva più i mezzi per pagare le importazioni di cibo, medicinali, carburanti. Era allo stremo, con file chilometriche ai distributori di benzina. Scuole, aziende, uffici sono rimasti chiusi a lungo. Fu un disastro anticipatore di quanto potrebbe accadere in altri paesi poveri colpiti dalla crisi alimentare.

Quella dello Sri Lanka, però, ha delle cause molto specifiche, inquietanti o istruttive a seconda dei punti di vista. E la guerra in Ucraina, con l'iperinflazione dei prezzi dei cereali, è stata solo una concausa finale, che ha solo aggravato problemi che la precedevano di anni.

Un piccolo, sporco segreto, quasi invisibile nei resoconti internazionali, è all'origine della crisi agroalimentare che affama la popolazione. I fratelli Rajapaksa, prestando ascolto a consiglieri occidentali dalle credenziali ultra-ambientaliste, cercarono di convertire l'intera agricoltura dell'isola ai metodi agrobiologici. Nell'impeto riformatore, agognando alla purezza degli ambientalisti dei paesi ricchi, vietarono nel 2021 l'importazione di fertilizzanti chimici sull'isola. Il risultato fu una catastrofe agricola di proporzioni inaudite, il crollo dei raccolti, la scarsità.

L'agricoltura biologica, allo stato dell'arte attuale, fornisce prodotti meno contaminati, ma ha una produttività molto inferiore a quella tradizionale. Detto in modo molto esplicito, è un lusso per ricchi, insostenibile se applicato su vasta scala. Mentre l'agricoltura moderna, che usa metodi industriali e fertilizzanti chimici, è in grado di sfamare gli 8 miliardi di abitanti del pianeta, un'applicazione generalizzata del «bio» condannerebbe alla fame la maggioranza dell'umanità. Provare per credere: i cittadini dello Sri Lanka sono stati le cavie involontarie di questo esperimento sciagurato. Tra la prospettiva di morire di fame e gli eventuali danni alla salute per il consumo di cibi prodotti dall'agricoltura moderna, loro non avrebbero esitato a scegliere il male minore, cioè il secondo. Ma gli abitanti dello Sri Lanka non hanno avuto scelta: la decisione strategica sul «bio» è stata presa da esperti che si sono dati la missione di salvare il pianeta (sacrificando, se necessario, l'umanità che lo abita).

L'altra peculiarità dello Sri Lanka è questa: l'isola rientra nella fattispecie dei paesi che sono scivolati dall'orbita finanziaria dell'Occidente verso quella della Cina. Chi era abituato a denunciare i misfatti del Fondo monetario internazionale (che, nella vulgata vetero-marxista degli anni Sessanta e Settanta, veniva equiparato a un braccio finanziario dell'imperialismo americano), ora deve constatare che l'alternativa non è esaltante. La Cina è diventata il principale creditore dello Sri Lanka, con 12 miliardi di dollari di prestiti, perlopiù inghiottiti in progetti infrastrutturali rovinosi, «cattedrali nel deserto», forse con qualche vantaggio per i fratelli Rajapaksa, di sicuro non per la popolazione dell'isola.

La Cina non è un creditore malleabile né indulgente. Già cinque anni fa Pechino «pignorò» un porto costruito con i suoi prestiti nello Sri Lanka, che ora è di proprietà cinese. Xi Jinping negozia la ristrutturazione del debito dello Sri Lanka con atteggiamento ben più duro di quanto farebbe il Fmi. La vicenda è istruttiva e viene osservata con attenzione in altre parti del mondo. L'elenco dei paesi debitori della Cina e già in bancarotta o a rischio di insolvenza si sta allungando: Pakistan, Laos e Zambia sono fra i più pericolanti. Le Filippine del neopresidente Ferdinand Marcos jr hanno cancellato alcune richieste di prestiti alla Cina per grandi opere nel settore ferroviario. Le Nuove Vie della Seta non sono tutte cosparse di rose e fiori.

L'Apocalisse alimentare su cui hanno giocato tanti speculatori non ci sarà. Perché su una cosa Russia e America marciano all'unisono: le loro agricolture hanno raccolti record per il grano. Russia e America in quest'ordine, perché la prima supera la seconda come esportatrice di grano. È l'ennesimo colpo di scena in una rivalità antica. Lo scontro geopolitico tra queste superpotenze ha tante dimensioni, e una delle più importanti è la loro competizione per dominare il commercio globale del grano. È una vicenda affascinante, ricostruita dallo storico americano

Scott Reynolds Nelson, della University of Georgia, nel saggio *Oceans of Grain: How American Wheat Remade the World* (Basic Books, 2022). È un affresco di due secoli – in particolare il periodo fra il 1789 e il 1919 – in cui agricoltori, mercanti e governi russi o americani hanno fatto a gara per sfamare il mondo.

Il grano ha, ovviamente, una storia più antica: la specie umana lo «addomesticò» diecimila anni fa nel passaggio chiave dal nomadismo all'agricoltura sedentaria. In seguito, grano, riso, mais si sono contesi il ruolo di sostenere intere civiltà, dalla Cina all'antica Roma, agli imperi precolombiani. La risorsa strategica fu gestita per millenni secondo logiche autarchiche. I primi esperimenti embrionali di globalizzazione, che si snodarono lungo le Vie della Seta, riservavano il commercio a prodotti di alto valore come spezie, gioielli e metalli rari, tessuti preziosi. Il grano non valeva abbastanza per trasportarlo su lunghe distanze. E la logica militare imponeva di farne scorta al servizio delle armate imperiali, non di venderlo ad altri.

Fu rivoluzionaria, quindi, la scelta di Caterina la Grande di Russia, influenzata dalla neonata scienza economica, quando nel 1794 «creò» Odessa – in realtà ribattezzò così il villaggio di Khadjibey, appena strappato all'impero ottomano – per farne la base delle esportazioni di grano russo verso l'Europa. Il grano entrava al servizio della geopolitica non più solo per nutrire il proprio popolo e il proprio esercito, ma per accumulare valuta estera vendendolo agli altri (e renderli così dipendenti). In un impeto di modernizzazione cosmopolita, la zarina decise di attirare manodopera tedesca per coltivare la terra ucraina: offrì libertà religiosa ed esenzione dal servizio militare ai mennoniti, una setta perseguitata in Germania. A quel tempo l'America era già una potenza emergente nell'agro-business, però esportava soprattutto cotone: vi comandava la lobby delle piantagioni sudiste fondate sullo schiavismo, che non aveva interesse a sviluppare l'agricoltura dei «contadini liberi» nelle grandi pianure del Midwest. Negli anni Trenta dell'Ottocento le esportazioni di cotone dagli Stati Uniti valevano dieci volte quelle di grano.

Due conflitti quasi simultanei sconvolsero però l'ordine granario russo-centrico: la guerra di Crimea e quella di secessione. Nel 1853 un nipote di Caterina, lo zar Nicola I, scatenò la guerra di Crimea. Si sentiva accerchiato, perché l'impero ottomano attraverso gli stretti del Bosforo e dei Dardanelli controllava gli sbocchi dal mar Nero verso il Mediterraneo, e quindi l'Atlantico. Come ricorda un altro storico americano dell'economia, Daniel Immerwahr, della Northwestern University (*Wielding Wheat*, in «The New York Review of Books», 21 luglio 2022), lo zar Nicola fece l'errore di negare il grano ai suoi clienti. Con una mossa che ricorda il ricatto del gas di Vladimir Putin, la Russia cessò di esportare grano in Europa appena ebbe inizio la guerra di Crimea. L'effetto fu dirompente, ci furono «tumulti del pane» a Londra. Lo shock aprì gli occhi a inglesi e francesi sulla pericolosa dipendenza dal grano russo. Londra e Parigi entrarono in guerra a fianco dell'impero ottomano. Fu l'inizio della fine dell'egemonia del grano russo, almeno per un po'.

Nel frattempo la sconfitta degli Stati schiavisti in America, alla fine della guerra civile nel 1865, affermava la supremazia del Nord. Il baricentro agricolo si spostava verso le grandi pianure del Midwest, ideali per le coltivazioni di cereali. Arrivarono come migranti anche tanti tedeschi mennoniti fuggiti dall'Ucraina. Gli Stati Uniti costruivano strade e ferrovie, mentre la Russia sprofondava nel marasma. «A fine Ottocento dal porto di New York partivano in una settimana tante tonnellate di grano quante Odessa al culmine della sua fortuna ne aveva esportato in un anno» scrive Immerwahr. Il Novecento è stato il secolo americano anche per questo: la nuova potenza emergente ha dominato i mercati mondiali delle derrate agroalimentari, in parallelo con la conquista della supremazia industriale. L'Europa ha beneficiato di una felice congiuntura in cui l'agricoltura americana produceva sempre di più e i prezzi scendevano.

Alla fine dell'Ottocento l'anarchico russo Pëtr Kropotkin si mostrò più preveggente di quanto fosse stato Thomas Robert Malthus mezzo secolo prima: mentre il malthusianesimo vedeva un'umanità falcidiata dalle carestie e il suo feroce controllo delle nascite era affidato ai limiti della fertilità della terra, Kropotkin capì che l'eterno spettro della fame era stato sconfitto dalla rivoluzione agricola del Midwest, mentre rimaneva da risolvere il problema della distribuzione. Lo straordinario aumento della longevità umana che ebbe inizio in quel periodo aveva molte cause, inclusi i progressi della medicina, l'igiene pubblica, l'acqua potabile, le fognature. Il miglioramento della nutrizione era una di quelle.

La Russia continuò ad avvitarsi fra crisi alimentari e tragedie politiche: la carestia del 1891 e quella del 1905, che coincise con la guerra contro il Giappone e la prima rivoluzione abortita. L'arrivo al potere dei bolscevichi prolungò i disastri, perché la collettivizzazione dell'agricoltura portò, nel 1921, a un crollo dei raccolti: la produzione di grano in quell'anno fu la metà rispetto a quella del periodo antecedente la prima guerra mondiale. L'Urss non uscì mai dalla trappola dell'inefficienza. Negli anni della guerra fredda Washington e Mosca erano in rotta di collisione, ma spesso le forniture di grano made in Usa salvarono la popolazione russa dalla fame. Nella guerra geopolitica per il dominio globale sull'alimentazione umana, l'America sembrava aver stravinto per sempre.

Fino a Putin. Al quale non si accreditano in genere capacità economiche. La sua Russia ha un Pil inferiore a quello dell'Italia. Subisce una fuga di cervelli perché non ha saputo sviluppare un'industria moderna: i migliori matematici russi si trovano nella Silicon Valley californiana, i migliori medici russi negli ospedali di New York. Dai tempi di Leonid Brežnev a quelli di Putin, fra le élite di Washington circola una battuta feroce: «La Russia è un distributore di benzina con annesso un arsenale nucleare». È la classica maledizione del petro-Stato, viziato dalla rendita delle sue risorse naturali, che permette una governance parassitaria e predatoria.

Salvo che, sul grano, è tornata in testa lei. Nella produzione di questo cereale, le due eterne rivali sono rispettivamente al terzo e quarto posto mondiale, con 85,9 milioni di tonnellate la Russia e 49,7 milioni di tonnellate gli Stati Uniti. Al primo e secondo posto si collocano la Cina e l'India, ma hanno 1,4 miliardi di abitanti ciascuna e devono dedicare gran parte della produzione agricola al fabbisogno domestico, mentre Russia e America hanno molta più capacità di esportazione. Se si guarda la classifica 2021, la Russia era in testa come esportatrice di grano con 37,2 milioni di tonnellate, seguita da Usa e Canada, quasi appaiati in seconda e terza posizione con 26,1 milioni di tonnellate ciascuno. Almeno nella modernizzazione del suo agro-business, Putin ha avuto successo, ha puntato sugli oligarchi «giusti», ha allevato delle multinazionali che non sfigurano di fronte a quelle americane.

È assai sgradevole, per chi (come me) considera Putin un leader che si è macchiato di crimini orrendi, dovergli riconoscere qualche merito. Ma bisogna saper scindere il giudizio politico e morale dalla constatazione che in qualche campo può aver avuto successo. L'agricoltura è un «trionfo segreto» di Putin.

Ho un'età che mi consente di ricordare quando i cittadini sovietici potevano arrivare a fine mese perché gli agricoltori del Midwest americano li sfamavano. Tutto questo è un lontano ricordo, oggi. Sotto la presidenza Putin, la

Russia ha conosciuto una spettacolare rinascita della produzione agricola. Dal 2000 al 2018 le sue esportazioni di derrate agroalimentari verso il resto del mondo sono aumentate di ben sedici volte. La Russia è tornata a essere una superpotenza agricola, come lo era stata ai tempi di Caterina la Grande.

Una buona notizia che piace particolarmente a Putin, e che l'Occidente pare ignorare, riguarda l'impatto del cambiamento climatico sull'agricoltura. L'ambientalismo funesto, di moda in Occidente, tende ad associare l'aumento della temperatura a un calo della produzione agricola. Ma non c'è nulla di simile nelle proiezioni degli scienziati che formano il consenso dominante nei panel dell'Onu. Il cambiamento climatico danneggerà l'agricoltura di alcune aree del mondo e la favorirà in altre. La Russia, insieme al Canada e ai paesi scandinavi, è dalla parte dei vincitori. Putin ne è consapevole, e cominciò a dirlo molti anni fa. Nel 2003 il leader russo dichiarò: «Un aumento della temperatura di due o tre gradi non sarebbe male per un paese nordico come la Russia. Spenderemo meno in pellicce e i raccolti di grano cresceranno». Non era una battuta. Putin sapeva di cosa stava parlando.

In un'inchiesta di ProPublica su «Come la Russia potrebbe dominare la crisi climatica», diversi scienziati ambientalisti hanno illustrato questo scenario: il cambiamento climatico, con lo scioglimento del permafrost, potrebbe aggiungere alla Siberia una superficie coltivabile superiore a tutta quella degli Stati Uniti. È uno scenario estremo, però dà il senso di un trend. A cui potrebbe sommarsi un'evoluzione positiva anche in senso migratorio: la Siberia diventerebbe più attraente per insediarvi una nuova popolazione di agricoltori (anche se qui si apre un altro capitolo, e cioè il problema legato alla sinizzazione etnica, perché già oggi l'immigrazione cinese sta cambiando gli equilibri demografici nella parte asiatica della Russia). Diversi esperti americani ritengono che la Russia sia in una posizione ottimale per trarre vantaggio dal cambiamento climatico, e non solo sul versante agricolo. L'altro regalo del clima è l'apertura dei passaggi navali a nordest e a nordovest, liberati dai ghiacci, per le marine mercantili e militari di Mosca.

V

La Cina e i suoi amici, o le scarsità del futuro

L'imperatore è nudo? Ma quanto costerà, a noi, la sua debolezza? Xi Jinping passa alla storia come il primo leader cinese a venire riconfermato per un terzo mandato. Compiuti i 69 anni, l'imperatore a vita accumula un potere personale che fu raggiunto solo da Mao Zedong prima di lui. Imita il culto della personalità del Grande Timoniere che fu Mao, il capo comunista vittorioso nella guerra civile e fondatore della Repubblica popolare nel 1949. Xi ha smantellato importanti riforme varate da Deng Xiaoping che avevano attenuato i tremendi difetti del maoismo: il limite ai mandati dei leader (massimo due) e la direzione collegiale. E ora sta picconando anche la terza riforma di Deng: l'economia di mercato. Non che questa Cina rischi di tornare ai tempi del comunismo egualitario di Mao, che tenne la nazione in una povertà estrema, però Xi ha operato una sterzata a sinistra che, in nome dell'eguaglianza, ridimensiona la libertà dei capitalisti privati a vantaggio delle grandi aziende di Stato. Inutile dire che queste ultime sono in mano a comunisti di comprovata fedeltà al capo.

Tuttavia, il consolidamento imperiale di Xi è segnato da questo vizio: attaccando ogni centro di potere autonomo (come il grande capitalismo privato) e ogni capocorrente comunista che poteva competere con lui (le campagne anticorruzione hanno riempito le carceri di suoi rivali), l'attuale segretario generale del partito ha abbassato il livello generale di competenza e di talento. Una classe dirigente conformista e obbediente non è la migliore del mondo. Gli errori recenti sul Covid-19 o sull'Ucraina sono tipici di un leader a cui nessuno osa dire no.

Proprio quando assapora il suo trionfo, grazie all'eliminazione dei concorrenti interni nella nomenklatura, Xi affronta una congiuntura difficile. Secondo il Fondo monetario internazionale, la crescita della Cina nel 2022 si limita al 3,3 per cento contro il 5,5 per cento che era l'obiettivo proclamato dal governo. Un aumento del Pil così basso non è solo un'umiliazione per i dirigenti comunisti. È una sfida alla tenuta sociale per un paese abituato a decenni di sviluppo economico a due cifre. Il regime affronta una prova che non ha eguali dal 1989, l'anno della rivolta di piazza Tienanmen.

L'imperatore è nudo anche perché la sua politica di contenimento della pandemia, con lo slogan «zero Covid», ha trasformato la Cina in una gigantesca pentola a pressione. I disagi sofferti dai cittadini cinesi hanno superato di molto quelli patiti dagli occidentali. I lockdown in Cina sono stati ben più prolungati, e più feroci nel livello di restrizioni, per non aver voluto comprare vaccini made in Usa. Xi continua a proclamare la sua vittoria contro il Covid, mentre descrive la risposta dell'Occidente alla pandemia come un disastro. La pazienza e la sopportazione del suo popolo sono state messe a dura prova. Il regime ha usato le regole sanitarie – come i codici QR con i dati sulla salute individuale – per allargare oltremodo il controllo sociale e reprimere le manifestazioni di dissenso. In mancanza di un'opposizione organizzata, si segnalano piccole ribellioni silenziose, sotto forma di disobbedienza alle estenuanti regole anti-Covid. Fare il furbo, cioè riconquistarsi con la frode piccoli spazi di normalità quotidiana, è una sorta di resistenza passiva.

Un sintomo di debolezza economica è la moneta. Il renminbi, o yuan, ha perso il 12 per cento del suo valore rispetto al dollaro nei primi dieci mesi del 2022. Sempre meglio del crollo della sterlina, certo. Persino l'euro ha perso di più: 15 per cento. Però colpisce il fatto che la svalutazione del renminbi sia più pesante rispetto alla media delle monete dei paesi emergenti, che hanno fatto registrare una perdita dell'8 per cento. Qui gioca il fatto che, nella grande categoria dei paesi emergenti, molti sono produttori di materie prime, e quindi stanno «dal lato vincente» dell'inflazione: chi esporta petrolio o gas ha avuto un afflusso di entrate dall'estero, e questo rafforza la moneta. Il confronto tra la Cina e gli altri emergenti (come i paesi arabi esportatori di energie fossili) ci ricorda un'altra cosa: benché Pechino punti a liberarsi dal dominio del dollaro, obiettivo ancora assai distante, nel frattempo deve pagare con la valuta americana la stragrande maggioranza dei suoi acquisti di materie prime. E la Cina è il maggior acquirente di materie prime al mondo.

In altri tempi si sarebbe vista la svalutazione del renminbi come un'astuta manovra per guadagnare competitività rendendo meno care le merci made in China. Questo vantaggio competitivo esiste. Eppure le autorità cinesi sono preoccupate per la svalutazione, tant'è che la banca centrale di Pechino, nei primi dieci mesi del 2022, ha speso 200 miliardi di dollari, sui 3000 delle sue riserve valutarie, per difendere il renminbi e rallentarne la caduta. Questo conferma un paradosso: le riserve in dollari possedute dalla Cina non sono un problema per gli americani, bensì per i cinesi. La teoria del ricatto che i cinesi potrebbero usare contro Washington vendendo i buoni del Tesoro Usa è da sempre una leggenda. La verità è che la Cina, con un mercato dei capitali molto meno liquido e più ridotto rispetto a quello americano, si deve proteggere contro il rischio di fughe valutarie, caduta di fiducia, panico dei risparmiatori; in questo è più simile a una nazione di media grandezza.

Il problema numero uno che la svalutazione del renminbi crea a Xi è il rischio d'importare inflazione a causa del superdollaro. Una moneta americana più forte rende più caro il petrolio, il gas, il carbone, i minerali, le derrate agroalimentari di cui Pechino non può fare a meno. Le riserve in dollari della banca centrale cinese, lungi dall'essere un'arma strategica utilizzabile contro l'America, sono una risorsa vitale per garantire pagamenti esteri nell'unica moneta davvero universale. In un'economia già afflitta dal pesante rallentamento della crescita, dalle sofferenze tuttora generate dalla pandemia, e da altri guai come i fallimenti immobiliari, l'inflazione rischierebbe di essere il colpo finale alla pace sociale.

Storicamente, la «terapia naturale» che mette fine a un ciclo inflazionistico è la recessione. Le avvisaglie sono cominciate da un settore che ha avuto spesso un ruolo premonitore: il trasporto navale. È ancora fresco il ricordo di un'inflazione della quale è stato una delle fonti: costi di trasporto alle stelle, in particolare i noli delle navi e dei container. Siamo reduci da un 2021-2022 in cui la marina mercantile è stata una «fabbrica del carovita»: nei supermercati, dai concessionari d'auto, in tutta la rete distributiva, la merce non arrivava in tempo perché bloccata da spaventosi ingorghi portuali; quando infine arrivava, il cartellino del prezzo aveva subìto aumenti raccapriccianti, perché la scarsità di navi mercantili ne aveva fatto impazzire i costi.

La puntata successiva è un rovesciamento repentino e spettacolare. Contrordine. A partire da agosto-settembre 2022, di navi disponibili e vuote ce n'è fin troppe, gli armatori non riescono a trovare abbastanza clienti che vogliono spedire merce sui loro container. Le maggiori compagnie marittime cancellano viaggi sulle rotte più importanti. Il numero uno mondiale nel trasporto navale è la Mediterranean Shipping Company, più nota con le iniziali Msc. È di proprietà di un armatore italiano, Gianluigi Aponte, anche se la sede sociale è a Ginevra. Nell'ottobre 2022 Msc ha cancellato viaggi su una delle rotte più trafficate del mondo, quella che attraverso il Pacifico collega la Cina al porto di Long Beach (Los Angeles), in California. «Dalla Cina» ha spiegato un comunicato della società «è calata significativamente la domanda di carico da trasportare verso la West Coast degli Stati Uniti.» Lo stesso vale per altri armatori, come il gruppo danese Maersk. Il rallentamento di attività riguarda anche le rotte che collegano l'Asia all'Europa. Solo nella prima settimana di ottobre 2022 è venuto meno un terzo del carico complessivo da trasportare.

Come cambia in fretta la congiuntura. Un anno prima il tema era l'ingorgo dei porti dovuto al troppo traffico. Nell'ottobre 2021, per ovviare alla congestione, gruppi della grande distribuzione americana come Walmart e The Home Depot dovevano procurarsi navi in proprio per aggirare l'indisponibilità degli armatori a nolo, travolti dall'eccesso di domanda. Nell'ottobre 2022, al contrario, il gigante della logistica FedEx era costretto a parcheggiare aerei che non avevano nulla da trasportare.

Questo rovesciamento possiamo considerarlo come lo spettacolo delle forze di mercato in azione. L'economia di mercato ha in sé la capacità di reagire agli squilibri della domanda e dell'offerta. Dopo il boom dell'import-export – che era, a sua volta, una reazione alla paralisi dei lockdown durante la pandemia – gli armatori hanno cercato di inseguire la domanda e hanno aumentato la propria capacità di trasporto. Soprattutto dalla Cina. I grandi produttori di beni di consumo, pur di non ritrovarsi a corto di prodotti, hanno ricostituito le scorte di magazzino con articoli made in China: la Nike ha accumulato un 65 per cento di giacenze in più nei suoi negozi del Nordamerica.

Tra le vittime del rovesciamento di tendenza, il made in China perde colpi. Pessima notizia per la seconda economia mondiale, che continua a essere molto dipendente dalle esportazioni. Nel 2022, oltre un terzo della crescita cinese è dovuto alle vendite sui mercati esteri. Questo dimostra la difficoltà che incontra Xi a riconvertire il modello economico cinese orientandolo maggiormente sulla domanda interna.

Il rovescio della medaglia ha qualcosa di positivo per noi. Un rallentamento delle esportazioni riduce i consumi di energia delle fabbriche cinesi, quindi fa da calmiere sui prezzi di petrolio, gas, carbone. Già sul finire del 2022 si è assistito a uno spettacolo singolare: la Cina stava dirottando navi cariche di gas verso l'Europa, cioè ci stava rivendendo quantitativi di energia che aveva ordinato a suo tempo, quando pensava di dover consumare di più. Poiché la Cina è la singola maggior consumatrice di energia del pianeta, osservare l'andamento della sua economia è obbligatorio per prevedere dove andranno in futuro i prezzi degli idrocarburi e le nostre bollette. Mentre il tremendo caro-energia ci condanna a un duro inverno, dietro l'angolo spunta già una fase successiva, segnata dal calo della domanda e dei prezzi. Il mercato, con le sue capacità di reazione e di adattamento, è il miglior aiuto di cui possono avvalersi le banche centrali nella loro lotta per ridurre la corsa folle dei prezzi.

Un recente sondaggio rivela che la maggioranza dei giovani americani nella fascia di età compresa fra i 18 e i 24 anni ha un'opinione negativa del capitalismo, e positiva del socialismo. Questo non depone a favore della qualità dell'insegnamento che ricevono nelle scuole e nelle università. Il «ritorno al socialismo» di Xi in Cina coincide, infatti, con il più grave rallentamento della crescita economica cinese dai tempi della conversione all'economia di mercato, che ebbe inizio sotto Deng Xiaoping nel 1979.

Dobbiamo temere una Cina debole più che una Cina forte? Una risposta affermativa viene data nel saggio *Danger Zone: the Coming Conflict with China* da due esperti americani di geostrategia, Hal Brands, della Johns Hopkins University, e Michael Beckley, della Tufts University, che ribaltano la teoria della «trappola di Tucidide» dello studioso Graham Allison, ispirata alla vicenda della guerra del Peloponneso tra Atene e Sparta, nell'antica Grecia. Lo schema classico di Tucidide attribuisce la guerra alla paura di una potenza egemone (Sparta), che vede la propria posizione minacciata dall'emergere di una sfidante in ascesa (Atene). Applicata al mondo contemporaneo, dunque, sarebbe l'America a essere tentata di precipitare una resa dei conti con la Cina, prima che quest'ultima sia diventata troppo forte.

Brands e Beckley analizzano numerosi precedenti, compresa la guerra Atene-Sparta e la Germania nella prima guerra mondiale, e sostengono una tesi opposta. Spesso è la potenza emergente che cerca il conflitto perché teme di aver già raggiunto un «picco», di essere arrivata al massimo della propria ascesa, e intravede l'inizio del declino. L'esempio più recente è il Giappone del 1941. Quando i leader militari del Sol Levante decidono di attaccare l'America a Pearl Harbor, è perché si sentono arrivati all'apice delle loro capacità di sviluppo e ne intuiscono i limiti, ivi compresa la dipendenza da energia e materie prime che Tokyo doveva importare lungo rotte navali controllate dagli angloamericani. Con quell'aggressione – che costringe Franklin D. Roosevelt a rompere gli indugi e a entrare in guerra – il Giappone precipita la resa dei conti perché teme che il tempo giochi a suo sfavore.

Qualcosa di simile può accadere alla Cina di oggi, secondo Brands e Beckley. Il tempo della sua ascesa potrebbe essere agli sgoccioli. Il rallentamento pesante della crescita economica può essere un fatto strutturale. La Repubblica popolare forse è entrata nella «trappola dei paesi a medio reddito», che non riescono a prolungare il primo decollo economico legato all'industrializzazione. Il suo costo del lavoro sale, mentre la sua manodopera invecchia. La ricentralizzazione dell'economia in senso socialista attenua quel dinamismo imprenditoriale che aveva avuto un peso determinante per decenni. La classe dirigente ha perso flessibilità nel rispondere alle nuove sfide perché Xi le ha imposto obbedienza e conformismo. I rapporti con i paesi occidentali sono entrati in una fase più ostile, si chiude quel capitolo della globalizzazione in cui tutto sembrava sorridere ai cinesi. Questo potrebbe convincere Xi che è impegnato in una corsa contro il tempo, in cui deve regolare i conti con noi prima che inizi la sua parabola discendente.

Le difficoltà di Xi Jinping non intaccano la sua determinazione a ridimensionare il nostro ruolo. Nella guerra in Ucraina si è schierato con Putin, malgrado i danni pesanti che nell'immediato ha inflitto all'economia cinese. La colpa del conflitto per Xi è della Nato, e il presidente cinese ha denunciato le sanzioni economiche varate dall'Occidente: secondo lui, equivalgono a «militarizzare l'economia globale», oltre a essere un boomerang che si ritorce contro chi le applica. Pechino ha rilanciato in questa occasione l'idea di un ordine monetario mondiale «liberato» dal dollaro, con sistemi di pagamenti alternativi allo Swift (che ha sede in Belgio ed è controllato, di fatto, dagli Stati Uniti). La Cina ne ha uno, Cips, che però finora è rimasto minuscolo rispetto allo Swift.

Xi ha ribadito queste posizioni a fine giugno 2022 a un vertice economico dei Brics, acronimo che sta per Brasile Russia India Cina Sudafrica. Brics è un club di potenze che amano definirsi emergenti, anche se la Cina è già emersa a tutti gli effetti, essendo la seconda economia mondiale. In parallelo al forum economico dei Brics, si è tenuta a Addis Abeba un'altra conferenza sponsorizzata dalla Cina sulla pace nel Corno d'Africa, dove Xi ha lanciato un suo piano di aiuti per quell'area del continente destabilizzata dalla guerra civile etiope. L'Occidente appare spesso marginale in queste grandi manovre che vedono Pechino tessere la sua tela verso l'emisfero Sud.

La geografia dei Brics si presenta come speculare e alternativa a quella del G7, il club dei vecchi paesi ricchi. L'acronimo Brics rappresenta quindi, almeno potenzialmente, la cabina di regia per smontare la globalizzazione americanocentrica e sostituirla via via con un ordine internazionale alternativo, le cui regole saranno decise a Pechino, Mosca, Nuova Delhi, Brasilia e Pretoria? La storia dei Brics ha ormai superato i vent'anni, è singolare e merita di essere ricordata. Questo club, che i dirigenti cinesi circondano di amorevoli attenzioni, non lo inventarono loro, bensì un economista britannico, Jim O'Neill, allora dirigente della Goldman Sachs di Wall Street.

L'atto di nascita è un rapporto pubblicato da O'Neill nel 2001. Anno chiave, perché è quello in cui la Cina entra a tutti gli effetti a far parte del «nostro mondo». Viene ammessa nell'Organizzazione del commercio mondiale, ovvero il Wto, il luogo dove, dal 1995, si negoziano e si decidono le regole della globalizzazione. Come membro del Wto, alla Cina si spalancano, dalla fine del 2001, nuovi mercati. Da quel momento accelera uno spettacolare decollo trainato dalle esportazioni. Il miracolo cinese assume dimensioni che non hanno precedenti nella storia umana. Dopo la Cina tocca all'India. Anche «l'elefante addormentato» si risveglia alla crescita con una terapia di liberalizzazioni (sia pure corrette da robuste dosi di protezionismo, persino più che in Cina). La geografia dello sviluppo si allarga, perciò l'economista di Goldman Sachs inventa l'acronimo Brics, aggiungendo a Cindia anche Brasile e Russia e, dal 2010, Sudafrica. All'inizio la sua intenzione è fare marketing: O'Neill, con i Brics, vuole offrire agli investitori un'etichetta semplice e suggestiva per indicare i nuovi mercati in cui investire al fine di sfruttare le opportunità della globalizzazione. È una trovata di comunicazione finanziaria.

Ironia della sorte, la sigla Brics, nata alla Goldman Sachs, finisce per materializzarsi in una realtà geopolitica: piace così tanto ai leader di quei cinque paesi che se ne appropriano, ne fanno un club di Stati, e si riuniscono periodicamente in summit appositi dai quali l'Occidente è escluso.

Nel ventennio successivo nasce nei paesi emergenti un ceto medio di oltre 1 miliardo di persone, un mercato immenso. Al tempo stesso, però, l'involuzione del regime autoritario a Pechino smentisce brutalmente le profezie ottimistiche di Bill Clinton e Bill Gates, a cui aveva creduto lo stesso O'Neill, sull'inevitabile transizione alla democrazia che avrebbe dovuto accompagnare il capitalismo.

Più volte nelle dichiarazioni dei capi di Stato e di governo dei Brics è emersa l'aspirazione comune al superamento di un «mondo unipolare». Quanto è reale la loro convergenza? In certi casi la sintonia è stata notevole. Un esempio: nel 2011 i Brics hanno adottato una posizione comune, astenendosi, sulla risoluzione dell'Onu con cui l'America e i suoi alleati anglo-francesi hanno dato il via libera all'intervento militare in Libia. Ecco un punto in comune ai Brics: perché segnati da un passato coloniale (India, Brasile, Sudafrica), o perché nostalgici di un'era in cui potevano contendere la leadership mondiale agli Stati Uniti (Russia), o infine perché nutrono ambizioni imperiali antioccidentali (Cina), tutti quanti hanno un'avversione verso il ruolo egemone degli Stati Uniti. Un caso antecedente: il fiasco del vertice di Copenaghen sull'ambiente (dicembre 2009) aveva dimostrato che la coppia Cindia da sola può esercitare un formidabile potere di veto contro qualsiasi velleità di America + Europa di dettare l'agenda internazionale.

Lo status dei Brics uscì rafforzato dalla recessione del 2008-2009, da noi definita, per pigrizia mentale, una «recessione globale», perché ci ostiniamo a considerare l'Occidente come l'ombelico del mondo. In realtà quella crisi fu essenzialmente dell'Occidente + Giappone. La Cina non entrò in recessione, neppure per un paio di trimestri. L'India idem. Il Brasile ne soffrì solo brevissimamente, per poi uscirne a vele spiegate ritrovando ritmi di sviluppo veloci grazie al traino della domanda cinese di materie prime e di derrate alimentari. Più che mai, dopo quella crisi, la geografia economica globale cominciò ad assomigliare al sottotitolo del saggio *Civilization* dello storico Niall Ferguson: *The West and the Rest*.

L'economista turco Dani Rodrik ha teorizzato che i Brics sposano la «globalizzazione modello Bretton Woods, anziché la versione più recente ed estrema». Cosa intende? A Bretton Woods, nel 1944, si tenne la conferenza internazionale che preparò l'architettura dell'economia internazionale per l'era del dopoguerra, sotto la leadership politica di Franklin D. Roosevelt e quella teorica di John Maynard Keynes. Furono creati in quell'occasione il Fondo monetario internazionale e la Banca mondiale. Nel 1947 sarebbe nato anche il Gatt, antenato del Wto. Fu un passaggio importante per ricostituire la libertà di scambi, promuovere il commercio internazionale che avrebbe trainato tanti «miracoli» economici post-bellici, da quello italiano a quelli tedesco e giapponese. Ma si trattava di una globalizzazione parziale: le monete non erano libere di fluttuare disordinatamente, i movimenti di capitali erano sottoposti a restrizioni, le frontiere si aprivano con gradualità.

Rodrik osserva che i Brics hanno un approccio selettivo alla globalizzazione, che ricorda il mondo ordinato di Bretton Woods. La Cina praticava già il protezionismo molto prima che Donald Trump tentasse di restituirglielo; resiste da anni alle pressioni occidentali sul fronte monetario, e continua a mantenere il renminbi in un limbo di non completa convertibilità. L'India ha mantenuto certe restrizioni sui movimenti dei capitali, oltre che un'apertura graduale delle frontiere agli scambi commerciali. Il Brasile applica de facto delle quote di «imponibile di manodopera nazionale» sulle società estere che vogliono investire in settori chiave come petrolio e miniere. Tolte la Cina e la Russia, che hanno piani di rovesciamento dell'ordine globale, gli altri tre governi del club dei Brics agiscono in modo pragmatico: niente dichiarazioni di guerra ideologica contro l'Occidente, ma un calcolo razionale dell'interesse nazionale.

Sono evidenti le diversità politiche e persino valoriali tra le democrazie indiana e brasiliana e il sistema politico autoritario che governa la Cina. Nonché la rivalità strategica tra India e Cina che porta Nuova Delhi ad accettare le avance americane per una cooperazione militare. Dunque, i Brics non sono pronti a diventare un direttorio della governance globale. Ma si consolidano come il club del mondo «altro da noi», e nessuno dei suoi membri aderisce alle sanzioni contro Putin per l'aggressione all'Ucraina.

Il presidente cinese ha avuto finora delle buone ragioni per pensare che l'Occidente è incapace di fare a meno della Cina. Prima che le nostre banche centrali cominciassero a frenare le nostre economie, prima che si percepissero le avvisaglie di una recessione, la nostra dipendenza da Pechino era immutata. Nel mese di luglio 2022 le esportazioni cinesi verso il resto del mondo sono salite a un valore di 333 miliardi di dollari, in aumento del 18 per cento rispetto al luglio 2021. Se guardiamo ai suoi principali mercati di sbocco occidentali, cioè l'Unione europea (secondo partner della Cina) e gli Stati Uniti (primo partner), l'aumento è stato rispettivamente del 23 e dell'11 per cento. Molto più dell'inflazione. Non vi è traccia, in quei dati sul commercio, di un impatto dei dazi imposti da Trump sulle importazioni cinesi. Una delle ragioni è la frode massiccia che avviene alla luce del sole. Quei dazi vengono aggirati per 67 miliardi di dollari di importazioni annue usando un cavillo giuridico che esenta la «modica quantità»: basta sparpagliare gli acquisti del made in China su una miriade di consumatori con ordini individuali trasmessi ad Amazon e altri siti.

Questi risultati eccellenti del made in China sono tanto più significativi in quanto sono avvenuti mentre Pechino imponeva lockdown severi in diverse città, incluse metropoli industriali e portuali che sono dei centri di esportazione. Xi ha creduto di non pagare alcun prezzo per la rigidità delle sue misure antipandemia, guardando alle esportazioni cinesi sui nostri mercati. Una chiave di spiegazione possiamo trovarla ricordando che in molte fabbriche gli operai sono stati costretti ad alloggiare in dormitori presso gli stabilimenti: così le precauzioni sanitarie, a cominciare dal blocco della mobilità, hanno penalizzato poco la produzione, la logistica, i trasporti di merci. Il risultato è che la Cina ha continuato ad accumulare attivi commerciali elevati con noi. Questo dato è in contraddizione con l'ambizione proclamata di ridurre la nostra dipendenza. Prima abbiamo avuto l'offensiva di Trump con i dazi, mantenuti in vigore da Joe Biden, per ridurre lo squilibrio commerciale che favorisce Pechino. Poi la pandemia ha reso il mondo intero più consapevole di quanto sia pericoloso dipendere da fabbriche troppo lontane (spesso sul suolo cinese) per prodotti essenziali. Anche l'Unione europea si è convinta – dietro pressioni americane – che non è saggio affidarsi al made in China per infrastrutture strategiche come la nuova telefonia 5G. Da anni si parla a vario titolo di un *decoupling*, o divorzio, dalla Cina. Eppure continuiamo a comprare da una nazione che consideriamo ostile.

Anche la Cina, però, ha delle forme di dipendenza dall'Occidente. Una riguarda i prodotti alimentari: Pechino importa derrate agricole in grande quantità dagli Stati Uniti. Malgrado i piani del Partito comunista per raggiungere un'autosufficienza alimentare, la Cina è lontana da quel traguardo, e quindi non riuscirebbe a sfamarsi se gli agricoltori del Midwest non le vendessero soia e cereali.

C'è anche una dipendenza cinese da alcune tecnologie avanzate, soprattutto americane. Washington ha imposto diverse restrizioni su queste vendite, che possono aiutare il riarmo dell'Esercito popolare di liberazione. Il caso più importante riguarda certe tipologie di semiconduttori ipersofisticati e ultrapotenti. I semiconduttori, microchip e memorie, sono l'anima di tutti i prodotti elettronici, ma sono una famiglia assai larga, che va dai più semplici ai più complessi. L'America conserva una posizione forte nei segmenti più raffinati, anche se Taiwan ha fatto grandi passi in questo campo. La storia dell'offensiva americana contro il 5G di Huawei va riletta sotto questa luce. Ancora fino al 2020 molti paesi europei erano pronti ad assegnare all'azienda cinese, legata alle forze armate di Pechino, la costruzione di un'infrastruttura strategica come le telecomunicazioni di quinta generazione o 5G. L'America di Trump-Biden ha condotto una duplice offensiva. Sul piano politico-diplomatico per convincere gli alleati europei che Huawei è un pericoloso cavallo di Troia della Cina. Di questa offensiva si è parlato molto, all'epoca. Almeno altrettanto efficace è stato un insieme di sanzioni che ha privato la stessa Huawei di semiconduttori made in Usa di cui ha bisogno e che la Cina non riesce ancora a produrre in casa propria. L'embargo tecnologico ha indebolito Huawei sul piano industriale, così come l'offensiva diplomatica aveva delegittimato l'azienda sul piano geopolitico.

Un singolo successo come quello contro Huawei non significa che la battaglia americana per il «divorzio» dalla Cina sia in discesa. Trent'anni di globalizzazione, e di delocalizzazioni verso la Cina, hanno smantellato tali e tanti settori industriali negli Stati Uniti e in Europa che ci vorrebbero altri trent'anni per ricostruirli, e forse a costi insostenibili. Un bilancio della reindustrializzazione dell'America – obiettivo proclamato sia da Trump sia da Biden – induce alla cautela. I posti di lavoro che le multinazionali Usa hanno ricreato sul proprio territorio nazionale, «rimpatriandoli» dall'estero, sono stati 265.000 nel 2021 e 350.000 nel 2022. Il flusso delle rilocalizzazioni, per adesso, è un rigagnolo, se paragonato ai posti di lavoro che vennero distrutti e portati all'estero (soprattutto in Cina) nel trentennio precedente: in questo caso le stime variano dai 6 ai 10 milioni.

Al momento e per qualche tempo ancora, Pechino in caso di conflitto può usare la nostra dipendenza contro di noi. Questo è il tema della cosiddetta *weaponization of trade*: la trasformazione del commercio estero in arma. Se la tensione diplomatica e strategica fra l'Occidente e la Cina dovesse salire al livello di guardia, portandoci sulla soglia di un vero conflitto, Pechino potrebbe negarci esportazioni di cui abbiamo un bisogno vitale.

A Manhattan, nell'estate 2022, incontro il top manager di una delle più grandi multinazionali mondiali del lusso, moda e cosmetici. È un italiano, ma la sua carriera da chief executive l'ha fatta quasi tutta in America. Dobbiamo recuperare tre anni di lontananza: abitiamo tutti e due a New York, ma la pandemia ha ridotto la nostra vita sociale. Tre anni che lui riassume così: salvato dalla Cina, spaventato dalla Cina. Quel che è accaduto alla sua multinazionale vale per buona parte del settore moda, lusso e cosmetici. Quando hanno visto il baratro della recessione da pandemia, la rapida ripresa dei consumi cinesi li ha sorpresi positivamente: il biennio 2020-2021 è stato all'insegna dello scampato pericolo. Poi è successo il contrario: la Cina ha cominciato a inanellare le ricadute nei lockdown, e ogni volta che le restrizioni pesanti alla mobilità delle persone si abbattevano su questo o quel focolaio di contagio, la ripresa dei consumi è stata interrotta. Vista l'importanza del mercato cinese per tutte le grandi marche della moda, lusso e cosmetici, questi ripetuti episodi di «penuria a singhiozzo» dei consumatori cinesi creano una grossa incertezza.

All'interno di questa vicenda c'è l'esperimento Hainan. È il nome dell'isola che è la più celebre destinazione per il turismo domestico in cerca di sole e spiagge. Hainan è per i cinesi quel che i Caraibi sono per gli americani della East Coast e le Hawaii per quelli della West Coast. Paradiso tropicale, deturpato dalla speculazione edilizia e congestionato dal turismo di massa. L'esperimento Hainan è quello che Xi ha deciso di fare proprio durante la pandemia. Approfittando della semichiusura delle frontiere, che dal marzo 2020 ha precluso i viaggi all'estero per la stragrande maggioranza dei cinesi, l'isola si è conquistata un semimonopolio delle vendite duty-free per i consumatori della nazione più popolosa del pianeta. Così ha accentuato il problema della «scomparsa dei cinesi» che dal 2020 affligge il Quadrilatero della moda milanese, rue du Faubourg Saint-Honoré a Parigi, la Fifth Avenue di Manhattan, e i duty-free di tutti gli aeroporti mondiali. Le grandi marche del lusso e della moda occidentali sono alle prese con una scarsità di clienti cinesi, perché la Repubblica popolare se li tiene stretti. In parte continuano a comprare prodotti del made in Italy o del made in France, purché siano venduti duty-free nei centri commerciali di Hainan.

Lo status esentasse dell'isola di Hainan non è una novità recente. L'esperimento ebbe inizio nel 2011, l'anno in cui l'isola fu omaggiata con questo privilegio fiscale dal governo di Pechino. All'inizio, però, il duty-free aveva dei limiti, un tetto di spesa di 8000 renminbi (al cambio di oggi, 1200 euro), e le categorie di prodotti erano ristrette. Con la pandemia è arrivata la svolta: la spesa per singolo consumatore è stata elevata fino a 100.000 renminbi (15.000 euro) e l'elenco dei prodotti esentasse si è allargato molto, fino a comprendere i settori dell'elettronica e dei cosmetici. Il boom di Hainan si è verificato alla congiunzione di questi due fattori: una massa di turisti cinesi impossibilitati a viaggiare all'estero, e un vantaggio fiscale attraente. I numeri sono impressionanti. Prima della pandemia, e cioè fino al 2019, i viaggiatori costituivano il 30-40 per cento di tutto il mercato dei consumi di lusso. Di questi viaggiatori attratti da prodotti di lusso, quasi il 70 per cento erano cinesi. Tale clientela si è volatilizzata per effetto della pandemia, bloccata dentro le frontiere della Repubblica popolare. Xi Jinping ha offerto una consolazione: lo shopping duty-free a Hainan. E il fatturato del duty-free market dell'isola è cresciuto dell'83 per cento dal 2020 al 2021. Da sottolineare che il duty-free market di Hainan è controllato da giganti del settore interamente cinesi. Anche se distribuiscono tutte le grandi marche del lusso occidentale, sono loro ad averne il controllo.

Questo combacia con una strategia di lungo periodo di Xi Jinping che vuole sviluppare i consumi interni, dopo decenni in cui la crescita cinese era trainata dalla produzione industriale per l'esportazione e dal settore edilizio. È chiara l'impronta autarchica del potere centrale, che sposta consumi da via Monte Napoleone a Hainan. Il razionamento autarchico del consumo cinese prefigura un'altra *weaponization of trade*, un'altra sanzione economica contro di noi, non dichiarata ma temibile. Per molte multinazionali occidentali una penuria di consumatori cinesi è un incubo, la fine di un'Età dell'Oro.

Joe Biden ha avuto per mesi la tentazione di alzare bandiera bianca sui dazi alla Cina. La mossa è controversa, se n'è discusso a lungo, e ha spaccato in due la stessa amministrazione. Le «colombe», che vogliono se non proprio eliminare quantomeno ridurre la lista delle importazioni tassate, sono la segretaria al Tesoro Janet Yellen e la segretaria al Commercio Gina Raimondo. Il partito dei «falchi» è guidato da un'altra donna, Katherine Tai (di origini taiwanesi), responsabile per il Commercio estero. Il dibattito ruota attorno ai presunti effetti inflazionistici di quelle imposte doganali. Fin da quando Trump varò i dazi, si alzarono voci – soprattutto nel business dell'industria trasformatrice e della grande distribuzione, ambedue clienti della Cina – per denunciare il fatto che il rincaro delle merci cinesi lo avrebbero pagato i consumatori americani. In realtà non c'è nessuna prova che questo sia accaduto, anzi. Per il primo biennio di applicazione dei dazi l'inflazione Usa è rimasta sotto controllo, attorno al 2 per cento. L'inflazione è scoppiata molto dopo, quando la pandemia stava finendo e il boom della domanda ha innescato il rialzo delle quotazioni delle materie prime e anche la rincorsa salariale.

Se dunque il legame dazi-inflazione non è supportato dai fatti, non c'è neppure la prova che quelle tasse doganali abbiano ridotto l'invasione del made in China. L'attivo commerciale cinese nei confronti degli Stati Uniti ha segnato un record storico alla fine del 2021, quando i dazi erano ormai in vigore da oltre un triennio.

Diverse lobby del capitalismo americano che importano prodotti o componenti cinesi continuano a premere per la fine dei dazi. Biden ha rinviato le decisioni, anche perché il clima di campagna elettorale permanente lo espone agli attacchi dei repubblicani. Un cedimento alla Cina sarebbe un regalo a Trump. Quel che accade dietro le quinte è uno smantellamento selettivo: il Tesoro e le Dogane hanno il potere di concedere esenzioni ad hoc, su questo o quel prodotto, accogliendo specifiche richieste. È uno svuotamento invisibile dei dazi, che avviene in sordina, in modo da non scontentare nessuno. Le lobby filocinesi ottengono quel che vogliono, caso per caso, senza clamori. L'impalcatura dei dazi in apparenza resta in piedi, i suoi effetti sono modesti. Non siamo pronti a fare a meno della Cina.

Lo scenario di lungo periodo resta segnato da un peggioramento. Pochi in Occidente pensano di poter tornare agli anni dell'idillio ingenuo con Pechino. Il ravvedimento dell'Europa è sintomatico. Un'indagine della Camera di commercio europea a Pechino, fra 372 aziende associate, rivela che i lockdown duri hanno reso queste imprese pessimiste sul proprio futuro nella Repubblica popolare. Il 92 per cento degli imprenditori e dei manager europei che hanno risposto all'indagine si è detto danneggiato nelle catene produttive e logistiche per effetto dei lockdown. Una maggioranza di loro ha la base principale di attività in Cina, nella regione di Shanghai. Il presidente della Camera di commercio europea ha dichiarato che le autorità cinesi sono rimaste «prigioniere della propria narrazione», della loro stessa propaganda sull'efficacia della politica «zero Covid».

Un altro segnale: il cancelliere tedesco Olaf Scholz per il suo primo viaggio in Asia ha deciso di visitare Tokyo, senza fare tappa a Pechino. Ai tempi di Angela Merkel, la Cina era l'interlocutore privilegiato della Germania in Asia. Il fatto che Scholz abbia preferito puntare su un asse con il Giappone è la diretta conseguenza della scelta fatta da Xi di appoggiare l'aggressione russa all'Ucraina. La ministra degli Esteri tedesca Annalena Baerbock ha lanciato un attacco alle Nuove Vie della Seta di Xi Jinping, quando ha ammonito l'Europa con queste parole: «Nel XXI secolo la vulnerabilità può consistere nel fatto che regimi autoritari investono miliardi di euro in autostrade europee, reti elettriche e porti». Questo tipo di linguaggio un tempo lo usavano gli americani per dissuadere la Merkel dalla sua politica estera mercantilista, che aveva intensificato i rapporti con Pechino. Anche la comunità industriale tedesca – per anni beneficiaria dell'interscambio con la Cina – ha dei ripensamenti: secondo un'indagine dell'istituto Ifo di Monaco, il 45 per cento delle imprese manifatturiere tedesche e il 55 per cento delle aziende nella distribuzione puntano a ridurre le loro importazioni dalla Cina. Le scelte di Xi sembrano spingere persino i tedeschi verso quello scenario di «divorzio» per il quale erano i più refrattari.

Passare dalle intenzioni ai fatti, però, sarà difficile. Un esempio lo offrono gli Stati Uniti con una crisi che colpisce l'energia solare. All'origine c'è la denuncia presentata da alcuni produttori locali di impianti fotovoltaici al dipartimento del Commercio. La sostanza è questa: già ai tempi di Barack Obama (quindi prima dei dazi di Trump), gli Stati Uniti avevano introdotto tasse doganali contro i pannelli solari o i loro componenti made in China, per castigare la concorrenza sleale delle aziende cinesi. Sussidi pubblici e vari tipi di aiuti statali avevano consentito alle aziende cinesi di vendere sottocosto, in *dumping*, e di far fallire concorrenti americane. Da allora le importazioni di pannelli fotovoltaici o componentistica dalla Cina agli Stati Uniti si sono ridotte. Però sono state sostituite con le importazioni da Malaysia, Thailandia, Vietnam e Cambogia, che in realtà fanno capo ad aziende cinesi! Quei paesi, secondo la denuncia, lasciano transitare prodotti cinesi di cui viene mascherata la vera provenienza. Nel momento in cui le autorità americane hanno aperto l'indagine, le importazioni si sono bloccate. E gran parte delle aziende americane dell'energia solare si sono semiparalizzate, perché non riescono a produrre senza i componenti cinesi.

Lo chiamano «l'Arabia Saudita del litio», è un pezzo di territorio del Cile dove si concentrano il 55 per cento dei depositi di questo metallo, essenziale per fabbricare le batterie delle automobili elettriche. Si chiama Salar de Atacama. Per noi occidentali quel luogo strategico è causa di un doppio allarme. Primo, perché ad assicurarsi un contratto con il governo cileno per estrarre il litio è stato il colosso cinese Byd. Quindi si consolida il controllo di Pechino su questa risorsa strategica per la transizione verde. Secondo allarme: persino Byd è in un mare di guai, perché una coalizione di indigeni e di ambientalisti è riuscita a bloccare quel contratto, accusando l'attività estrattiva di causare gravi danni alle risorse idriche locali. Nel 2022 la Corte costituzionale cilena ha dato ragione a questo ricorso e l'estrazione del litio in quel sito si è fermata.

La vicenda della Byd in Cile è un riassunto esemplare delle nuove scarsità a cui dobbiamo prepararci. Quando l'Europa si è scoperta vulnerabile al ricatto di Putin che taglia le forniture di gas, una reazione è stata: acceleriamo la transizione alle energie rinnovabili. Ma questa è un'illusione, perché le cosiddette «energie pulite» consumano un sacco di roba «sporca» come il litio. Se oggi gli italiani dipendono dall'Opec per il petrolio e dalla Russia per il gas, domani dipenderanno in modo altrettanto pericoloso dalla Cina per il litio. E i rischi di tagli alle forniture saranno altrettanto acuti, se non superiori.

Il litio esiste soprattutto in Sudamerica (con una prevalenza di Cile, Bolivia, Argentina) e in Australia, oltre che in Cina. Ma le aziende cinesi sono proprietarie o concessionarie anche per le riserve di litio in altri paesi del mondo. Non c'è un vero e proprio monopolio di Pechino, perché i colossi cinesi come Byd o Ganfeng Lithium Co. devono competere con la multinazionale anglo-australiana Rio Tinto, la multinazionale francese Eramet, e anche con una casa automobilistica come la Toyota, che possiede direttamente una partecipazione in una miniera di litio in Argentina. Comunque, il ruolo dei cinesi resta preponderante. E anche loro sono costretti a vedersela con due ostacoli all'estrazione. C'è l'alleanza fra comunità etniche indigene e ambientalisti, che in certi casi riesce a contrastare lo sfruttamento di questa risorsa. E c'è la tendenza di molti governi sudamericani a voler nazionalizzare il litio, seguendo le orme di quel che accadde al petrolio a partire dagli anni Settanta. Il futuro della nostra transizione verde è in ostaggio a questa miriade di incognite: la buona volontà di cinesi, ambientalisti, indigeni, governi populisti latinoamericani. Prevedere una futura crisi da scarsità di litio mi pare un atteggiamento di buonsenso, in queste condizioni. Tanto più che la domanda di tale metallo indispensabile per le batterie elettriche è cresciuta del 750 per cento dall'inizio del 2021 all'estate del 2022.

Non è solo nella filiera dei componenti e delle batterie che la Cina ha conquistato un semimonopolio mondiale. È ben piazzata per dominare anche il mercato del prodotto completo e finito, l'auto elettrica. Nel 2022 un quarto di tutte le vetture vendute in Cina ha un motore elettrico, inclusi modelli di utilitarie popolari con un prezzo di listino sotto i 5000 euro. Sul territorio cinese ci sono già 4 milioni di colonnine per ricariche, un numero raddoppiato in un solo anno. Mentre in Occidente le vendite continuano a essere sostenute da sussidi e incentivi, il mercato cinese ormai si sviluppa senza bisogno di questi aiuti. Gli Stati Uniti sono in ritardo, hanno raggiunto nel 2022 solo il 5 per cento di vendite di auto elettriche sul totale, una soglia che la Cina superò nel 2018. È ormai questa la nuova frontiera della dipendenza dell'Occidente dalla Cina.

Tutte le frontiere esterne della Cina sono mobili, nel senso che Pechino dà un'interpretazione sempre più espansionistica dei confini contesi con paesi vicini, o delle acque territoriali. Nel 2020, già in piena pandemia e proprio mentre era ai massimi livelli l'indignazione mondiale per le bugie cinesi sul Covid-19, Xi Jinping non esitò a orchestrare scontri armati alla frontiera con l'India, uno dei confini che vuole ridisegnare a proprio vantaggio.

Questa Cina non si pone problemi di reputazione, di immagine o di *soft power* (potere di persuasione, egemonia culturale). Non sembra averne bisogno nei confronti dell'Occidente, non si turba se le opinioni pubbliche straniere hanno una percezione sempre più negativa della Repubblica popolare. È convinta di poterci piegare con le minacce e con i ricatti, soprattutto in campo economico. Una prova generale la fece nel 2010 quando decretò un embargo contro il Giappone sulle terre rare (in occasione di una contesa per strappare a Tokyo le isole Senkaku). Più tardi minacciò di fare lo stesso contro gli Stati Uniti, quando c'era Trump alla Casa Bianca, come ritorsione contro i suoi dazi.

Quei due antefatti furono sottovalutati in Occidente e in modo particolare in Europa (gli Stati Uniti, perlomeno, hanno iniziato a discutere una nuova politica strategica nel campo delle terre rare, anche se finora con risultati modesti). Bisogna riscoprirli oggi, perché l'embargo sulle terre rare è una delle mosse che Pechino ha in serbo nel suo arsenale geopolitico. Questa misura – come sperimentato su scala ridotta contro il Giappone – è un esempio di penuria artificiale, un caso di scarsità generata da un paese per sottomettere gli altri alla propria volontà. Rientra, cioè, in quel tipo di «finta scarsità» con cui ci dovremo confrontare sempre più spesso, e che tendiamo a scambiare per una mancanza materiale, mentre in realtà è il prodotto di scelte deliberate.

«Terre rare» è un concetto che ha diverse definizioni. Include 17 elementi della tavola periodica, un elenco che viene spesso allargato all'insieme delle 35 «materie prime critiche» e solitamente comprende antimonio, gallio, metalli del gruppo del platino, berillio, germanio, roccia fosfatica, borati, indio, elementi di terre rare pesanti, cromo, magnesite, cobalto, magnesio, silicio metallico, carbone da coke, grafite naturale, tungsteno, fluorite, niobio, praseodimio, neodimio, monazite. Attingo queste informazioni da uno degli studi più aggiornati e completi su questo tema: *Terre rare. La Cina e la geopolitica dei minerali strategici* di Sophia

Kalantzakos, tradotto in Italia dalla casa editrice Egea dell'Università Bocconi. L'autrice ricorda come le terre rare e altre materie prime critiche siano indispensabili «nella produzione delle energie rinnovabili e nelle tecnologie green (turbine eoliche, pannelli solari e sistemi di illuminazione ad alta efficienza energetica), nelle applicazioni hi-tech (computer, smartphone, applicazioni mediche) e nell'industria della difesa (sistemi di guida per missili, bombe intelligenti, sottomarini)». Nonostante il loro valore cruciale, l'Occidente ha consentito che la Cina si conquistasse una posizione dominante che non ha eguali nella storia del materiale strategico: «Non esiste nessun paese che abbia un controllo sulle forniture di un elemento essenziale come quello della Cina sulle terre rare». Per usare un'immagine efficace, è come se per il petrolio l'Occidente fosse di fronte a una «Opec di un paese solo». L'Opec è il cartello oligopolistico dei paesi produttori di petrolio: ha ben 13 Stati membri, spesso con interessi e strategie in conflitto tra loro, eppure anche con questa diversità, quando ha voluto, ha inflitto danni considerevoli ai paesi consumatori (a partire dagli shock energetici del 1973 e del 1979). Figurarsi quali danni potrebbe crearci una Opec dei minerali rari con un solo Stato membro, la Cina.

Va aggiunto che la Repubblica popolare non controlla solo l'estrazione mineraria delle terre rare e altre materie prime critiche, bensì anche la loro lavorazione a valle. «Per il momento, e in un futuro prevedibile,» scrive la Kalantzakos «la Cina non solo monopolizza almeno il 93 per cento di questi materiali ... ma controlla anche la loro metallurgia altamente specializzata e l'intera *supply chain* (catena produttiva), dalla miniera al mercato, per molte applicazioni. Questo sostanzialmente conferisce alla Cina il controllo su una gamma significativa di input essenziali per l'economia mondiale, e in particolare per l'energia rinnovabile, l'hi-tech e le applicazioni militari.»

Tutto questo non era inevitabile. Non c'è nulla di naturale nel monopolio di terre rare e materie prime critiche conquistato dalla Cina. Glielo abbiamo regalato noi, con scelte politiche che hanno impedito la ricerca, l'estrazione, la lavorazione sul nostro territorio. Tutto ciò che è «sporco» lo abbiamo delegato alla Cina, che adesso presenta il conto. Il Recovery Plan europeo, per la parte relativa alla Green Economy, finirà per arricchire soprattutto i cinesi: le tecnologie verdi per la sostenibilità ambientale le dovremo comprare da loro.

L'invasione di Taiwan è già cominciata nell'agosto 2022. Bisogna capire bene il senso e la portata delle cosiddette «manovre militari» che l'Esercito popolare di liberazione ha condotto in quell'estate, ufficialmente come ritorsione per la visita sull'isola di Nancy Pelosi, speaker della Camera dei rappresentanti degli Stati Uniti. Colpisce lo squilibrio smisurato, la sproporzione immane, tra un viaggio di una personalità istituzionale che testimoniava solidarietà e la reazione armata conseguente. È evidente che i piani per le «manovre militari» erano pronti da molto tempo, una risposta di quelle dimensioni non s'improvvisa in qualche settimana e neppure in qualche mese. Dunque, la Pelosi non ha fatto che fornire l'atteso pretesto e accelerare i tempi per una prova di forza che Xi stava pianificando comunque.

Parlare di manovre, come se fossero state semplici esercitazioni, non ha alcun senso. Non solo per la potenza di fuoco dispiegata dalla Cina, ma per le caratteristiche dell'offensiva: l'uso di munizioni da guerra («fuoco vero», in gergo), i lanci di missili nelle vicinanze di Taiwan e anche del Giappone, infine la strategia di accerchiamento messa in atto allargando l'offensiva anche alle coste orientali dell'isola più distanti dalla terraferma cinese. I messaggi che Xi Jinping ha lanciato in quella circostanza all'America, a Taiwan, al Giappone e al resto del mondo vanno analizzati con cura.

Primo messaggio: Taiwan è già alla mercé di un blocco aeronavale cinese, che include un embargo commerciale. La Repubblica popolare può risparmiarsi un'invasione militare vera e propria, con sbarco di truppe e combattimenti terrestri, in quanto è già in grado di ottenere gli stessi risultati con altri mezzi. La natura delle operazioni militari dell'agosto 2022 equivale alla prova generale per un isolamento di Taiwan, un cordone sanitario che blocca o rallenta molte delle sue rotte navali con l'esterno e interferisce con il suo traffico aereo. Sul piano di principio, con le ripetute violazioni delle acque e dello spazio aereo, si dimostra che Taiwan «è cinese a tutti gli effetti», la sua autonomia è solo una presuntuosa illusione. Sul piano pratico si dimostra che i rapporti di Taiwan con il resto del mondo sono alla mercé dell'arbitrio di Pechino. Finché durano le cosiddette «manovre militari» viene rallentato e perturbato il traffico di navi portacontainer cariche di semiconduttori da Taipei verso gli Stati Uniti o l'Europa. Pechino simula una «sanzione economica» che la Cina può applicare all'Occidente con gravi conseguenze sulle nostre economie. La solidarietà verso Taiwan, già ambigua e fragile in Europa, subirebbe una dura prova. Lo strangolamento dell'economia taiwanese è anche il mezzo di pressione più efficace per convincere la popolazione dell'isola che non solo deve rinunciare a ogni velleità di indipendenza, ma deve prepararsi a uno scenario di riunificazione alle condizioni dettate da Xi.

Secondo messaggio: anche all'opinione pubblica cinese Xi ha detto che forse un'invasione militare «classica» (sbarco anfibio, invio di truppe terrestri aviotrasportate, combattimenti sull'isola) non è necessaria, visto che il regime comunista può ottenere lo stesso risultato con l'accerchiamento navale, aereo, missilistico, e tutte le azioni offensive dispiegate. In questo senso, appunto, l'invasione di Taiwan è già avvenuta. Sono di questo tenore alcune cronache e analisi pubblicate da autorevoli organi governativi di Pechino come il «Global Times», giornale di forte impronta nazionalista.

Terzo messaggio: le cosiddette «manovre militari» sono però ambivalenti e biunivoche. Sono anche un test su vasta scala di tattiche e arsenali che potrebbero essere usati per un'invasione classica, con occupazione territoriale. Il tipo di armamenti impiegati, per esempio i missili, sono in grado di colpire persino le basi militari americane di Okinawa, Corea del Sud, altre basi in Giappone, oltre alle forze di paesi alleati dell'America come le Filippine. Questa è dunque una risposta molto concreta e visibile all'annuncio di Joe Biden sull'intervento militare degli Stati Uniti che scatterebbe a difesa di Taiwan in caso di attacco. Il messaggio all'America e ai suoi alleati ribalta contro di loro una versione dell'«ambiguità strategica»: Xi nasconde le sue intenzioni precise circa l'invasione di Taiwan, le sue caratteristiche operative o la sua data, ma intanto rende chiaro che i danni inflitti ai «protettori» dell'isola sarebbero enormi. Mai prima di ora si era arrivati a una definizione così minacciosa di un'«area d'influenza cinese» dove all'egemonia economica se ne aggiunge una militare. L'area non si limita alle immediate vicinanze, è la stessa sicurezza giapponese e coreana a essere messa in discussione. Da Singapore all'Indonesia, molti altri paesi filo-occidentali sono costretti a riesaminare il proprio futuro.

Gli Stati Uniti si stanno già preparando a un «futuro senza Taiwan» almeno in un settore, i semiconduttori, con una manovra di spesa pubblica da 280 miliardi di dollari per sussidiare la riconquista di una leadership produttiva in quest'industria. I tempi per costruire un'autosufficienza, però, sono lunghi, e un «blocco navale» prolungato da parte della Cina attorno a Taiwan farebbe un danno enorme nell'immediato. L'Europa è ancora più vulnerabile; deve cominciare a incorporare la scarsità di semiconduttori nel suo futuro così come sta cercando di fare per la scarsità di gas naturale.

Dopo l'Ucraina toccherà a Taiwan diventare la nuova guerra calda nel contesto della seconda guerra fredda tra Occidente e blocco sino-russo? E i taiwanesi combatterebbero come gli ucraini, se venissero aggrediti? La domanda non è banale, né secondaria. Dopotutto, quel che sta accadendo in Ucraina è in larga parte determinato dal comportamento del popolo aggredito, delle sue forze armate, dei suoi governanti democraticamente eletti. Checché ne dicano i putiniani, che descrivono quella ucraina come una «guerra per procura» e la resistenza contro l'aggressore come se fosse «aizzata dall'America», in realtà sono stati proprio gli ucraini a decidere di resistere. Sono stati loro a chiederci aiuto, e lo hanno ottenuto solo in parte. Molti ucraini sono morti, altri moriranno, per difendere le proprie famiglie, la propria terra, la propria libertà. Farebbero lo stesso i taiwanesi?

C'è una corrente di pensiero scettica, che guarda alcuni dati. Nonostante la minaccia reiterata da Xi Jinping di un'annessione con la forza militare, Taiwan spendeva fino al 2022 solo l'1,9 per cento del suo Pil per la difesa. Cioè meno della Polonia e dei paesi baltici, meno di quello che è l'obiettivo ufficiale fissato dagli Stati membri della Nato, che è il 2 per cento del Pil. L'esercito taiwanese viene descritto da esperti americani come inadeguato e afflitto da fenomeni di corruzione. Altrettanto importante è lo spirito del popolo: i taiwanesi, se interrogati in proposito, appaiono «pacifisti» come molti europei, la maggioranza è restia a morire per la patria. Come noi, i taiwanesi sono cresciuti nel benessere e nella pace, non hanno un'etica guerriera. Sono affezionati alle loro libertà, ai loro diritti, alla loro democrazia, ma questo non significa che siano pronti a sacrificare addirittura la vita per questi valori. Il quadro dipinto da questi sondaggi suscita un interrogativo: perché l'America dovrebbe mandare dei soldati a morire per Taiwan, in caso di aggressione militare cinese, se i taiwanesi non sono altrettanto determinati e votati al sacrificio quanto gli ucraini? Sono domande importanti ma astratte, perché nessuno può prevedere a priori quale sarebbe la reazione in una guerra vera.

Tsai Ing-wen, 66 anni, è la prima donna eletta alla presidenza di Taiwan. Appartiene al Partito progressista democratico, che è il più distante ideologicamente dall'idea di appartenenza alla Cina e quindi della riunificazione. È il partito emerso da protagonista dalla democratizzazione dell'isola: dopo il 1949 Taipei ebbe un regime autoritario di destra, mentre il Partito progressista democratico fu fondato nel 1986, un anno prima che venisse abrogata la legge marziale dando il via alle riforme liberali. Il sangue freddo con cui la Tsai e la sua opinione pubblica hanno accolto l'escalation della tensione con la Cina si spiega forse con una certa assuefazione: le minacce di Pechino sono costanti, così come gli sconfinamenti di cacciabombardieri cinesi nei cieli dell'isola. Non si può escludere che l'assuefazione porti a sottovalutare il pericolo (come accadde inizialmente a Volodymyr Zelensky di fronte agli avvertimenti precoci dell'intelligence americana e inglese sui preparativi dell'invasione russa). La presidente taiwanese, e la maggioranza del suo popolo, sembrano rassegnati all'anomalia per cui la riunificazione con la Cina è terribilmente indesiderabile, ma una dichiarazione d'indipendenza è impossibile perché rappresenta una «linea rossa» da non varcare agli occhi di Pechino. Peraltro, anche i taiwanesi sono reduci da un periodo in cui s'illusero – come tanti americani ed europei – che la Repubblica popolare si potesse migliorare attraverso il business. All'inizio della transizione della Cina verso l'economia di mercato, gli imprenditori taiwanesi furono tra gli investitori più attivi nella madrepatria, e tuttora le imprese taiwanesi sulla terraferma sono una realtà importante. Ma i legami di business non hanno né favorito una democratizzazione della Repubblica popolare né addolcito il linguaggio bellicoso di Xi verso Taiwan.

La popolazione taiwanese, nel frattempo, si è «desinizzata», nel senso che ha sviluppato un'identità culturale propria, e soprattutto le giovani generazioni si sentono molto diverse dai cinesi. Taiwan è l'unica democrazia cinese al mondo e la sua diversità è stata sottolineata durante la pandemia: ha saputo contenere il contagio, il bilancio di vittime è rimasto a livelli microscopici rispetto all'Occidente, ma non ha ottenuto questo risultato con i metodi autoritari di Xi, bensì affidandosi alla disciplina spontanea, al rispetto delle regole, al senso di dovere della comunità che sono tipici della cultura confuciana. Di recente si è parlato di una «strategia del porcospino», come lezione che Taiwan avrebbe imparato dall'Ucraina: dotarsi di armamenti studiati su misura per rendere dolorosa e costosa un'invasione, anche se l'aggressore è molto più grosso e potente.

Taiwan ha il potere di innescare una terza guerra mondiale? Biden ha promesso che interverrebbe in difesa dell'isola democratica, in caso di aggressione militare cinese. C'è la pre-condizione per uno scontro tra superpotenze nucleari, che il presidente americano ha sempre escluso in Ucraina. Taiwan ha un'importanza strategica unica: per la sua posizione su rotte navali dove transita l'energia indispensabile a due alleati dell'Occidente, Giappone e Corea del Sud; perché è una superpotenza tecnologica che produce il 60 per cento dei semiconduttori mondiali; perché la sua caduta nelle mani del regime comunista sarebbe fatale negli equilibri dell'Indo-Pacifico, dove si gioca il futuro del pianeta.

Gli ottimisti sottolineano che il consenso verso Xi si fonda anzitutto sul benessere economico, la stabilità e l'ordine, prima che sull'orgoglio patriottico. Una guerra non è indispensabile per la tenuta del potere personale di Xi, più solido rispetto a quello di Putin.

I pessimisti osservano, invece, che la formidabile escalation di riarmo in cui la Repubblica popolare si è lanciata non ha spiegazioni se quella forza prima o poi non viene usata. La flotta militare di Pechino ha superato il numero di bastimenti della US Navy, un sorpasso inaudito fino a poco tempo fa. Eppure, nessuno minaccia le frontiere cinesi, anzi, semmai è la Repubblica popolare che sgomita per prendersi zone contese con i paesi vicini. Annettere Taiwan alla madrepatria darebbe a Xi il trofeo che sfuggì ai suoi predecessori, lo innalzerebbe sopra Mao Zedong, fondatore della Repubblica, e Deng Xiaoping, artefice del boom economico.

Perché Xi si è precluso una riunificazione pacifica, consensuale? I taiwanesi non possono credere allo scenario di «una nazione sola, con due sistemi politici» dopo la feroce normalizzazione di Hong Kong. La chiave dell'accanimento di Xi contro Taiwan sta qui: per un genuino leninista che crede nel primato del Partito comunista e nella superiorità di quel sistema politico, non è tollerabile che sopravviva una democrazia cinese (Taiwan), così come non era ammissibile uno Stato di diritto con libertà di espressione a Hong Kong.

È emblematica l'uscita di uno dei massimi esponenti della diplomazia cinese: ha evocato la «rieducazione» della popolazione taiwanese che sarà necessaria dopo l'annessione dell'isola. Siamo già a discutere i piani per il dopo, quindi. E non sono piani pacifici. Il concetto di rieducazione è quello usato nei gulag sovietici o nei laogai cinesi, è un lavaggio del cervello finalizzato a estirpare idee e valori democratici e libertari per sostituirli con la dottrina del partito.

Dall'inizio della guerra in Ucraina c'è stata una tendenza in Occidente a sovrastimare l'isolamento di Putin. Un esempio di questi errori di analisi occidentali riguarda i rapporti fra Russia e Cina. È bastato qualche segnale di malumore cinese, trapelato dal vertice del 15 e 16 settembre 2022 a Samarcanda, in Uzbekistan, perché molti osservatori occidentali abbiano descritto un Putin sfiduciato da Xi, e sotto pressione da parte dell'alleato cinese per concludere la guerra. Ma ogni analisi dei rapporti bilaterali fra Pechino e Mosca deve partire dai dati fondamentali. Da gennaio ad agosto di quell'anno la Cina ha importato beni per 73 miliardi di euro dalla Russia, soprattutto energie fossili, con un aumento del 50 per cento rispetto allo stesso periodo del 2021. In aumento anche le esportazioni cinesi verso Mosca, del 9,4 per cento. Le relazioni economiche fra i due partner sono floride e si irrobustiscono a vista d'occhio da quando è iniziata l'invasione dell'Ucraina.

Il vertice di Samarcanda non passerà alla storia per un divorzio tra Xi e Putin. Almeno finché si tratta di fare fronte unito contro l'Occidente, l'alleanza tra Cina e Russia regge. Nei loro rapporti, però, l'equilibrio cambia e i segnali di tensione aumentano. Xi ha costretto Putin a fare da suo portavoce nel rivelare che esistono «preoccupazioni cinesi» su quella guerra. Pechino estorce forniture energetiche a buon mercato da Mosca («I cinesi sono dei negoziatori duri» ammette Putin), ma questi vantaggi economici non compensano tutti i danni di una congiuntura mondiale che penalizza la Repubblica popolare. Xi avrebbe negato forniture belliche all'armata russa in Ucraina, onde evitare che le grandi aziende cinesi possano finire nel mirino delle sanzioni occidentali.

Quando i due si incontrarono il 4 febbraio 2022 all'inaugurazione dei Giochi invernali di Pechino mancavano tre settimane all'invasione. Putin deve aver fornito una versione trionfalistica della propria forza militare e delle proprie capacità di rivincita sul teatro europeo. I mesi successivi hanno svalutato le sue quotazioni. Però c'è un collante ideologico che resiste fra i due leader, e le ideologie possono essere almeno altrettanto potenti degli interessi materiali. Xi mantiene la narrazione per cui la guerra in Ucraina è colpa della Nato; vede un ordine internazionale da abbattere in quanto dominato dall'America; considera l'Occidente come una civiltà in declino irreversibile. Proclamando questa visione, Xi ha cementato una profonda affinità ideologica con Putin. Il leader cinese ha vantato un'«amicizia illimitata» con il suo omologo russo.

La sua scommessa geopolitica include diversi scenari. La vittoria di Putin in Ucraina era il più favorevole per accelerare il ridimensionamento dell'Occidente. Una parziale sconfitta di Putin avrà comunque «distratto» verso l'Europa risorse militari e attenzione strategica degli Stati Uniti; inoltre, una Russia impoverita si vedrà condannata al ruolo di colonia cinese.

Pechino spera di giocarsela bene verso il mondo dei «non allineati». La Shanghai Cooperation Organisation – quella che ha indetto il summit di Samarcanda – è un'accozzaglia disomogenea: ne fanno parte anche India e Pakistan, che sono fieri avversari fra loro; e Nuova Delhi ha un'accesa rivalità con la Cina. Però, un indebolimento dell'influenza russa in Asia centrale accelera la penetrazione cinese, grazie a quegli investimenti in infrastrutture (Nuove Vie della Seta) che l'Occidente non tenta neppure di contrastare con una sua proposta alternativa. Un'analisi lucida della Shanghai Cooperation Organisation ha molto da insegnarci. Da un lato, esiste un vasto mondo, persino maggioritario, che ha deciso di non aderire alle nostre sanzioni contro Mosca. Dall'altro, dentro le mappe dei «non allineati» ci sono diversi paesi che hanno comunque condannato l'aggressione contro lo Stato sovrano dell'Ucraina. Ci sono zone del mondo in bilico, dove l'influenza di Cina e Russia possono essere contrastate, se lo vogliamo e se mettiamo in campo i mezzi per farlo.

La tragedia ucraina dovrebbe guarirci dall'ingenuità sull'onnipotenza e l'infallibilità degli autocrati. Sbagliano anche loro, almeno quanto i governanti delle democrazie. Con l'aggravante che i sistemi politici illiberali non hanno meccanismi interni di bilanciamento, segnalazione e correzione degli errori. Fa impressione quanto scrive sulla rivista geopolitica «Foreign Affairs» un'ex docente della scuola di formazione dei dirigenti comunisti cinesi, Cai Xia, che oggi vive in esilio negli Stati Uniti. La professoressa, che formò i quadri comunisti, descrive Xi come un leader fallito, che accumula scelte sbagliate, e al tempo stesso non è costretto a riconoscere i suoi errori perché ha eliminato tutti i rivali interni usando metodi da boss mafioso.

Nonostante i rischi enormi che Xi corre per appoggiare il suo «illimitato amico», c'è una logica di lungo periodo. Putin indebolito sarà costretto a pagare un prezzo sempre più elevato. Tagliati i ponti con l'Occidente, la Russia avrà un rapporto economico prevalente con la Cina, a suo svantaggio. Sarà una relazione di tipo coloniale: la Russia è ricca di terreni agricoli, di risorse minerarie, di energia. Il monopolio mondiale che Pechino sta costruendo su certi minerali ne uscirà rafforzato. Una volta catturata la Russia come colonia, la Cina risulterà meno dipendente da approvvigionamenti di materie prime che avvenivano dentro la sfera d'influenza americana: importazioni agricole dal Midwest, o petrolio dal Golfo Persico, tuttora presidiato dalla US Navy.

Al vertice di Samarcanda del settembre 2022 il premier indiano Narendra Modi fu più esplicito di Xi nel criticare Putin: «Questo non è un tempo per la guerra» è la frase che venne riportata allora nei resoconti ufficiali. In privato, pare che Modi fosse stato ancora più incalzante. Putin in quel summit dovette riconoscere apertamente il malumore indiano. Al tempo stesso, l'India gareggia con la Cina nell'aumentare le proprie importazioni di gas, petrolio e carbone dalla Russia. L'India ha una posizione strategica ambivalente se osservata dall'Occidente, ma coerente nella sua logica di superpotenza autonoma. Quando si tratta di fronteggiare la Cina, Modi è felice di appartenere al «quadrilatero delle democrazie dell'Indo-Pacifico» detto Quad, con Stati Uniti, Giappone e Australia. Contenere l'espansionismo cinese è la priorità della politica estera indiana.

Con la Russia, invece, il disallineamento dall'Occidente è pressoché totale. L'India critica l'invasione dell'Ucraina ma non partecipa alle nostre sanzioni, e sviluppa rapporti economici eccellenti che di fatto offrono un sostegno prezioso alla guerra di Putin. Le motivazioni sono tante. C'è il lascito storico del periodo socialista, quando l'India, sotto la guida di Indira Gandhi, era molto vicina all'Unione Sovietica. Ne deriva tra l'altro un'antica dipendenza di Nuova Delhi dalle forniture di armi russe, che continuano tuttora a rappresentare una percentuale elevata nell'arsenale dell'esercito indiano. C'è una logica geopolitica: avendo già un grosso nemico in Asia, la Cina, Modi preferisce andare d'accordo con l'altra superpotenza del continente. E in nome della cultura post-coloniale che ne fece una leader del movimento dei «non allineati», l'India può sentirsi alleata degli Stati Uniti su certi temi, ma non vorrà mai dare l'impressione di una subordinazione a Washington. Infine, come la Cina, anche l'India soffre di un rallentamento della crescita. Nuova Delhi è spaventata quanto Pechino dall'inflazione. Putin è al tempo stesso causa e rimedio di questi mali. Da un lato, la sua aggressione all'Ucraina ha accentuato i problemi dell'economia mondiale e ha acutizzato l'inflazione. Dall'altro, negoziare con Mosca forniture di gas, petrolio e carbone a prezzi scontati è essenziale per alleviare i problemi dell'economia indiana.

Era il 28 maggio 2022. I motori dell'Air Force One erano ancora caldi per la lunga trasferta di Biden in Asia, dove il presidente americano aveva partecipato a un vertice del Quad, il quadrilatero strategico in funzione anti-Cina. Ed ecco che dall'India arrivava l'ennesimo tradimento. Nuova Delhi e Mosca stavano mettendo a punto un meccanismo finanziario per facilitare i pagamenti e gli scambi fra rublo e rupia, aggirando le sanzioni occidentali contro Putin. L'India si comporta in modo persino più «sfacciato» della Cina. Le aziende di Stato cinesi sono circospette nelle loro transazioni con la Russia perché non vogliono finire a loro volta sulla lista nera delle sanzioni. Il governo Modi, invece, procede alla luce del sole, incrementa i propri acquisti di energia dalla Russia, e lo fa con abilità negoziale: ottiene sconti sostanziali rispetto ai prezzi di mercato. Proprio perché l'America non può fare a meno dell'India nelle sue strategie di contenimento della Cina, Nuova Delhi ne approfitta per esercitare la massima libertà. Il doppio gioco non sfugge agli americani, li allarma. Un consorzio di aziende indiane si sta facendo avanti addirittura per rilevare tutti gli interessi della Shell nel progetto energetico russo Sakhalin-2.

La storia pesa. L'India fu uno dei paesi guida nel movimento dei «non allineati», ovvero del Terzo Mondo, quell'insieme di nazioni che durante la prima guerra fredda non volle fare una scelta di campo precisa fra il blocco occidentale e quello sovietico. L'autonomia in politica estera è considerata un valore prezioso della tradizione indiana, e un alto esponente della diplomazia indiana usa questa immagine: «Voi occidentali vedete il mondo in bianco e nero, noi vediamo molte sfumature di grigio». Visto dall'India, il conflitto ucraino è uno dei tanti drammi del presente, non il più grave né il più sentito dalla maggioranza della popolazione. Washington dovrà accontentarsi di avere con sé «mezza» politica estera indiana, quella rivolta contro la Cina.

Il leader di un grande paese africano ha twittato: «La maggioranza dell'umanità, che non è bianca, sostiene la posizione della Russia in Ucraina». È una verità sgradevole ma incontestabile. Corrisponde alla mappa dei paesi che non applicano sanzioni economiche contro Mosca. Vi figurano la maggior parte dell'Asia, Medio Oriente incluso, Africa e America latina.

Quando descriviamo un Vladimir Putin isolato dovremmo aggiungere: rispetto a noi occidentali, più qualche alleato di ferro dell'America come Giappone, Corea del Sud, Australia. L'insieme della coalizione pro-Ucraina che applica sanzioni rappresenta pur sempre la maggioranza del Pil mondiale, ma non la maggioranza delle nazioni, né tantomeno della popolazione mondiale. E se sono vere le proiezioni sul futuro del pianeta – economico, demografico – il «mondo del terzo millennio» non sta dalla nostra parte.

Nella prima guerra fredda le simpatie dei «non allineati» andarono spesso all'Unione Sovietica, sia per l'appoggio ricevuto nelle battaglie anticoloniali sia per l'attrazione verso l'economia socialista. Anche in tempi recenti il Terzo Mondo è stato oggetto di grandi attenzioni da parte di Pechino e di Mosca, con investimenti sostitutivi dei nostri.

L'Occidente ha favorito la diffusione di un vasto risentimento post-coloniale nei propri confronti. Buona parte delle classi dirigenti africane ha assorbito dalla nostra stessa cultura e dai nostri media (prima ancora che dalla propaganda russo-cinese) il processo all'Occidente, descritto come l'unico colpevole di tutte le sofferenze dell'umanità: colonialismo, imperialismo, aggressione, sfruttamento, saccheggio di risorse. Il fatto che questo processo sia a senso unico rende le élite terzomondiste culturalmente impreparate ad affrontare gli imperialismi altrui: cinese, russo, turco-ottomano o persiano che siano. La formazione antioccidentale assorbita in Europa o negli Stati Uniti costituisce anche un alibi prezioso: le élite corrotte e predatorie dei paesi poveri in nome dell'anticolonialismo respingono le critiche sui diritti umani o sul malgoverno.

L'Occidente ha accumulato scheletri negli armadi. L'invasione dell'Iraq nel 2003 fu motivata da menzogne spudorate; le vittime civili delle bombe, i crimini commessi a Guantánamo o ad Abu Ghraib contro i prigionieri sono ancora freschi nella memoria. L'America sprigionò subito degli anticorpi: le piazze delle sue città traboccavano di manifestazioni contro George W. Bush; poi Barack Obama vinse le elezioni del 2008 anche perché si era opposto a quella guerra. Oggi chi ricorda le infamie dello «Zio Sam» lo fa per praticare un'equidistanza morale che assolve i crimini di Putin. E non è solo l'America a subire questo trattamento. Nell'Africa francofona, in seguito a diversi colpi di Stato, sono stati cacciati i militari francesi e al loro posto sono state chiamate forze russe. Torna di moda lo slogan *À bas la France!*, anche se di recente la sua presenza militare fungeva da bastione contro le milizie jihadiste.

Di fronte a queste diffuse ostilità l'Occidente non si difende, arretra. Non esiste un'alternativa americana o europea alle Nuove Vie della Seta con cui la Cina costruisce infrastrutture essenziali in Asia e in Africa. In molte liberaldemocrazie le politiche della cooperazione sono sotto accusa: per il pericolo della corruzione, o perché le grandi opere non sono abbastanza rispettose dell'ambiente. Le nostre multinazionali spesso sono diventate riluttanti a investire nei paesi poveri, perché sanno che avrebbero gli occhi puntati addosso da parte di ambientalisti, Ong umanitarie, difensori dei diritti umani, nonché delle magistrature occidentali e dei media pronti a indagare su corruzioni e abusi. Fondo monetario internazionale e Banca mondiale hanno subìto dei processi ideologici, denunciati come strumenti finanziari dell'imperialismo bianco. Il risultato è aver abbandonato molti paesi emergenti all'avanzata di istituzioni alternative, come la banca asiatica d'investimento per le infrastrutture che ha la cabina di regia a Pechino. Gli investimenti cinesi in Asia e in Africa non devono passare gli esami del politicamente corretto sul terreno dei diritti umani, dell'ambiente, delle «quote rosa» o della rappresentanza Lgbtq nei consigli d'amministrazione. Dilagano dove noi ci ritiriamo. Mentre una multinazionale americana o francese, inglese o italiana, rischia grosso se paga tangenti a un governo estero per aggiudicarsi una gara d'appalto, un'azienda cinese non ha di questi problemi.

Interviene pure un elemento culturale a rendere i «non allineati» indulgenti verso l'aggressione all'Ucraina. I modelli di società propugnati da Putin e Xi – per esempio, la difesa della famiglia tradizionale – esercitano un'attrazione reale. La società occidentale viene vista come viziosa e decadente in molte parti del mondo. I protestanti evangelici del Sudamerica, gli islamici dell'Africa o dell'Asia meridionale guardano con ribrezzo all'evoluzione dei costumi negli Stati Uniti, giudicandola come una decomposizione morale da basso impero.

L'emisfero Sud del pianeta è vittima collaterale della guerra, con penurie e inflazione su energia e cibo; ma noi non lo abbiamo ancora convinto delle nostre ragioni.

Xi ha evocato l'opportunità di lavorare con i partner del gruppo Brics per rendere operativa la Global Security Initiative (Gsi). Questa Gsi è l'embrione di una Nato a guida cinese, è il primo tentativo di dare all'influenza cinese in vaste aree del mondo anche una dimensione militare. Xi la presenta come una soluzione «per dare più stabilità ed energia positiva al mondo». Per adesso siamo alle prime mosse, ed è evidente che la Gsi è indigesta o addirittura inaccettabile per alcuni dei Brics, India in testa.

Washington non sta a guardare. Alle grandi manovre cinesi l'amministrazione Biden reagisce cercando a sua volta di allargare il ventaglio di amici e potenziali alleati della

Nato. Al summit 2022 dell'Alleanza atlantica sono stati invitati Australia, Giappone, Nuova Zelanda e Corea del Sud. Sono inclusi in un cerchio periferico di collaboratori della Nato paesi che confinano con la Cina. Sempre nel campo delle iniziative per allargare l'influenza dell'Occidente c'è l'invito che gli Stati Uniti hanno rivolto in occasione del G7 includendovi come osservatori India, Indonesia, Argentina, Senegal, Sudafrica.

L'America fa notare che non tutte le iniziative della Cina per espandersi nell'emisfero Sud hanno successo. Le Nuove Vie della Seta hanno visto la realizzazione di investimenti per 1000 miliardi di euro: un gigantesco Piano Marshall ha disseminato 150 paesi emergenti di infrastrutture sino-centriche, in luoghi tanto distanti da Pechino quanto la Grecia, l'Angola o l'Ecuador. Lungo quei tentacoli dell'espansionismo cinese, però, si accumulano gli incidenti di percorso. Il 60 per cento dei prestiti che la Repubblica popolare ha erogato è a paesi che in seguito hanno conosciuto difficoltà finanziarie. La Cina ha già cominciato a pignorare infrastrutture negli Stati insolventi. Xi, visti i problemi che ha in casa sua, sta frenando la concessione di nuovi prestiti e l'apertura di nuovi cantieri. Le Nuove Vie della Seta soffrono di gigantismo e diventano più selettive. La Cina teme di trovarsi nella scomoda posizione del creditore di ultima istanza per una caterva di paesi poveri che la crisi rende ancora più fragili. Nell'ultimo decennio la finanza cinese per lo sviluppo si è allargata a tal punto che oggi Pechino offre più del doppio dei prestiti agli Stati poveri rispetto a quelli forniti da Washington. Gli americani, sotto processo permanente per il loro «neocolonialismo», sono diventati un paese che pratica gli aiuti gratuiti più che i prestiti o gli investimenti. La diffidenza delle opinioni pubbliche occidentali e delle élite governanti nel Terzo Mondo verso il nostro capitalismo ha consentito a quello cinese di riempire un vuoto.

VI

Mistero Russia, e nostri errori

Il grande romanziere Aleksandr Solženicyn sosteneva che la Russia avrebbe dovuto fare la stessa operazione culturale di rinuncia all'imperialismo che era riuscita alla Germania e al Giappone dopo la seconda guerra mondiale. «Dobbiamo lottare non per l'espansione dello Stato» scriveva nel 1991 rivolgendosi al riformatore Michail Gorbaciov «ma per la chiarezza di ciò che rimane del nostro spirito.» Cosa lo colpiva del periodo convulso che seguì al crollo del comunismo? «Osservo con allarme che il risveglio della coscienza russa è stato incapace di liberarsi dal pensiero di superpotenza e dalle illusioni imperiali.» Solženicyn si considerava sia russo sia ucraino, e sosteneva che la Russia post-sovietica aveva tutto da guadagnare riconoscendo l'indipendenza dell'Ucraina e delle altre Repubbliche ex sovietiche. Voleva persino restituire le isole Curili al Giappone. «Solo così saremo liberi di dedicare le nostre energie a uno sviluppo interno.»

Eppure il premio Nobel per la letteratura si considerava un vero nazionalista russo. Proprio di questo gli venne fatta una colpa quando fu esiliato dall'Unione Sovietica nel 1974 e andò a vivere negli Stati Uniti. Come ricorda Gary Saul Morson (*What Solzhenitsyn Understood*, «The New York Review of Books», 12 maggio 2022), «gli stessi intellettuali e i circoli giornalistici che avevano celebrato il suo coraggio quando lui era in carcere in Unione Sovietica ora divennero dei critici implacabili, perché Solženicyn non condivideva le idee convenzionali della sinistra americana e sosteneva posizioni che non si accomodavano nelle categorie occidentali». Iniziò una demonizzazione del grande scrittore, che fu accusato di ogni nefandezza: la sua religiosità ortodossa fu tacciata di oscurantismo, il suo nazionalismo venne scambiato per antisemitismo. Poiché voleva salvare l'anima della Russia, fu catalogato come un retrogrado, fautore di una teocrazia.

La storia della messa all'indice di Solženicyn da parte dei progressisti occidentali – con episodi di vera e propria diffamazione – andrebbe rivisitata oggi perché è rivelatrice dei nostri scheletri nell'armadio. Trent'anni fa, nei suoi saggi politici dell'era post-sovietica il premio Nobel indicava una strada – un percorso stretto e difficile – che oggi andrebbe riesplorata: la possibilità di un nazionalismo non aggressivo, non distruttivo delle identità altrui, non imperialista. Il fatto che guardasse al modello del Giappone e della Germania nel dopoguerra è indicativo: c'è un lavoro da fare sull'anima russa, sulla coscienza di sé della nazione, che solo i russi possono fare. Chi continua a vedere nelle aggressioni di Putin una «risposta» alle azioni dell'Occidente tradisce una profonda ignoranza della storia russa e delle linee direttrici che ne hanno ispirato i leader.

Esiste un Dna dell'imperialismo dominatore che ha le sue radici nella storia di questo paese? Il saggio di Paul Bushkovitch, *Breve storia della Russia* (Einaudi, 2013), è una guida esemplare per cercare risposte serie a questa domanda. Anzitutto c'è la questione del «giogo mongolo» e del suo lascito. Più precisamente il lungo periodo (più di duecento anni) di dominazione della Russia da parte dell'Orda d'Oro, potenza nomade venuta dall'Asia centrale. Questo significò che nel XIV e XV secolo la Russia fu tagliata fuori dal Rinascimento europeo, e per una parte di quel periodo visse sotto il controllo di dinastie islamiche. Molti studiosi hanno insistito sul ruolo che quella dominazione ebbe nell'imprimere un carattere asiatico alla storia russa, fino a teorizzare con Karl Marx e Karl August Wittfogel un'atavica propensione al «dispotismo orientale».

Bushkovitch non nega la costante autocratica della storia russa, però mette in dubbio che la si possa far risalire a questo «effetto mongolo». Anche perché l'Orda d'Oro fu distruttiva per un periodo iniziale, ma poi i conquistatori islamici si limitarono a riscuotere tributi dalla Russia. Quel che appare inconfutabile, invece, è il carattere messianico che fin dalle origini segna il nazionalismo russo. Non appena si liberano dal giogo islamico, i russi iniziano a raffigurarsi come «la nuova Israele», il popolo eletto, con Mosca come la nuova Gerusalemme oppure la Terza Roma (dopo l'originale e Costantinopoli). «Come gli antichi israeliti,» scrive lo storico «i russi erano l'unico popolo della terra che Dio aveva prescelto per affidare loro la vera fede. Come l'antica Israele, la Russia era circondata da ogni parte da nemici miscredenti: gli svedesi e i polacchi cattolici a ovest e i tatari musulmani a sud e a est. ... Dio avrebbe consegnato i nemici della Russia nelle sue mani, come aveva fatto per il re Davide.» Bushkovitch conclude che «il miope nazionalismo russo ha finito per rivelarsi un fallimento». Non c'è dubbio che questo verdetto severo si applichi ai grandi zar «modernizzatori» quanto a Stalin e Putin, tutti incapaci di trasformare la Russia in una nazione civile alla pari dei modelli europei più avanzati come Regno Unito, Germania, Francia.

Analizzare la storia della Russia significa addentrarsi in un campo minato, perché le deformazioni propagandistiche sono sempre in agguato. Ogni regime ha «riscritto» la storia a proprio uso e consumo, forse ancor più di quanto avvenga in altri paesi. Secondo una battuta in voga durante la perestrojka di Gorbaciov, la Russia è l'unica nazione per la quale non solo il futuro è imprevedibile, ma anche il passato, talmente esso viene manipolato e distorto. Dopo le tragedie dell'epoca zarista e di quella comunista, oggi chi comanda a Mosca «scimmiotta la vecchia Russia». È triste questa constatazione: le vette più alte della scienza e della letteratura russa risalgono al XIX secolo e agli inizi del XX, nulla di paragonabile è stato creato in seguito.

Sulla guerra fredda, varie scuole di pensiero americane hanno offerto interpretazioni molto diverse. C'è la scuola ortodossa, secondo cui il prolungato conflitto Est-Ovest era semplicemente inevitabile, visti gli obiettivi sovietici: estendere il sistema del comunismo totalitario ben oltre le necessità di sicurezza dell'Urss. Secondo quest'ottica, nessuna possibile azione intrapresa dagli Stati Uniti e dal Regno Unito avrebbe indotto Stalin a moderare i suoi disegni. Nel suo *La guerra fredda. Storia di un mondo in bilico* (il Mulino, 2013), John Harper obietta che alcune delle puntate espansionistiche di Mosca erano tipicamente geopolitiche, slegate dall'ideologia comunista: i russi volevano controllare il loro «mare nostrum», il mar Nero, così come gli americani dai tempi della dottrina Monroe volevano il mar dei Caraibi nella loro sfera d'influenza.

Una seconda scuola di pensiero è squilibrata nel senso inverso, ed è tornata di attualità nel 2022: è quella che vede l'espansionismo americano come l'unica forza del male nella storia contemporanea. La New Left, egemone nelle università e nelle piazze dagli anni Sessanta in poi, ha sempre accusato il complesso militar-industriale degli Stati Uniti di essere il vero istigatore della guerra fredda. Come minimo, spiega Harper, la visione antiamericana tradisce «una visione semplicistica del capitalismo e dei suoi legami con la politica estera», e ignora che «i settori avanzati del capitalismo americano orientati verso l'estero ed espansionisti tendevano a favorire un miglioramento delle relazioni con l'Unione Sovietica». Lo stesso possiamo dire, oggi, per il ruolo della lobby filocinese nei settori avanzati ed espansionisti del capitalismo Usa del XXI secolo.

Un terzo gruppo di studiosi ebbe una posizione più distaccata, che colloca lo scontro Est-Ovest in una prospettiva più ampia: la guerra fredda era soltanto l'ultimo anello di un'interminabile catena di conflitti per dominare il continente europeo.

Infine, in una sintesi di cui l'esponente più autorevole è John Gaddis, si riconosce che «gli Stati Uniti avevano creato una sorta di impero dopo la seconda guerra mondiale», ma questo «impero americano non era guidato da imperativi economici né era stato imposto a vittime indifese contro la loro volontà». Era un impero difensivo, guidato da preoccupazioni di sicurezza nazionale e attivamente sollecitato dai suoi «sudditi» in Europa e altrove. Sono temi tornati di un'attualità pregnante. Fior di opinionisti italiani del vasto mondo filoputiniano hanno reinventato a modo loro la storia della guerra fredda e hanno descritto un'Italia «schiava» degli americani.

È una singolare idea di schiavitù, sulla quale può favoleggiare solo chi non si trovava a Budapest nel 1956 o a Praga nel 1968, a Lhasa (Tibet) nel 2008 o a Kiev nel 2022, quando le armate russa e cinese diedero una dimostrazione concreta di come si comporti un impero verso i popoli che tratta da schiavi.

Stephen Kotkin è uno dei massimi esperti di storia dell'Unione Sovietica, autore fra l'altro di una monumentale biografia di Stalin. Il suo sguardo è penetrante anche sulla Russia post-sovietica. Sa farci cogliere quanta continuità esiste tra le due fasi storiche, e quanto il comunismo, il leninismo, lo stalinismo hanno impregnato Putin, la sua cerchia di potere, la classe dirigente in senso lato. Nel saggio *A un passo dall'Apocalisse* (Viella, 2010) Kotkin copre un arco storico cruciale: ha inizio quando il sistema sovietico mostra i primi segni di crisi nella competizione con l'Occidente e si conclude con Putin saldamente insediato al potere, ancorché al debutto delle sue operazioni di aggressione esterna.

La ricostruzione precisa aiuta a sfatare alcuni miti che hanno attecchito in Italia. Tra questi c'è l'idea che l'attacco all'Ucraina nel 2014 e poi nel 2022 sia la reazione di Putin a una serie di umiliazioni inflitte dall'Occidente (America in testa), che dopo il crollo dell'Urss avrebbe tenuto la Russia ai margini della comunità internazionale. Chi sostiene questa tesi omette di solito due eventi significativi, avvenuti alla fine degli anni Novanta: l'inclusione della Russia nel G7, che con essa divenne un G8; l'offerta a Mosca di un partenariato con la Nato che per qualche anno fu accettata. Perché queste forme di associazione della Russia con l'Occidente non bastarono a placarne la sete di rivincita? Una risposta la si trova perfino in un manuale scolastico di storia russa, influenzato dal Cremlino ed esplicito nelle sue intenzioni di restaurare il senso di patriottismo. Quel testo insegna che l'ingresso nel club delle nazioni democratiche «implica la cessione di parte della propria sovranità nazionale agli Usa». Ogni lettore è libero di formarsi la propria opinione su questo punto: se la Francia o l'Italia cedano sovranità agli Stati Uniti per il solo fatto di partecipare al G7, o se invece questi forum internazionali siano un luogo di condivisione di decisioni attraverso la ricerca del consenso, un formato geopolitico che rappresenta il superamento delle coercizioni imperiali.

Il punto, però, è un altro. Se per Putin qualsiasi associazione alla nostra comunità è un ingresso in forma subalterna che implica cessioni di sovranità, allora l'unico scenario a cui punta la sua Russia è il ritorno allo status quo ante: lo stallo fra superpotenze ostili, l'equilibrio del terrore che segnò la prima fase della guerra fredda (1946-1989) e rischia di segnarne pure la seconda fase, aperta nel 2022. Questo è confermato dal fatto che, secondo Kotkin, «gran parte della classe dirigente russa, come del resto la sua controparte americana, credeva di essere investita di una speciale missione, anche se un'applicazione esagerata del principio aveva condotto la Russia zarista e la stessa Urss a un rapido oblio».

Dunque, Russia e America hanno avuto in comune l'idea di essere nazioni «eccezionali». Ma per gli Stati Uniti questa visione messianica del proprio ruolo – all'insegna del *Manifest Destiny* – è stata sottoposta a critiche interne feroci, ha spaccato il paese e ha distrutto presidenze, anche quando si è incarnata nell'illusione o nell'impostura del voler esportare democrazia e diritti umani. In Russia, invece, Putin ha riesumato il destino eccezionale riservato alla Russia restituendogli l'aureola della sacralità religiosa, dello scontro di civiltà con un Occidente decadente e imbelle, peccaminoso e licenzioso. Più l'America diventava dubbiosa e scettica sul proprio ruolo universale, più la Russia caricava il suo di un'ancestrale ideologia reazionaria. Un esempio di questa divaricazione nella traiettoria tra le due superpotenze si è avuto proprio nel 2022, l'anno della seconda aggressione militare russa all'Ucraina. Mentre a Mosca, in occasione di quel conflitto, si rinsaldava più che mai l'alleanza fra il potere politico e quello religioso (Putin e il patriarca ortodosso), in America una sentenza della Corte suprema che cancellava il diritto costituzionale all'aborto offriva lo spettacolo di una spaccatura fra i politici cattolici (Joe Biden, Nancy Pelosi) e la Chiesa (papa Francesco applaudiva alla sentenza del tribunale costituzionale). Sulla guerra in Ucraina, la distanza fra la Santa Sede e il presidente cattolico degli Stati Uniti è stata evidente.

Un altro mito che viene sfatato dalla ricostruzione storica di Kotkin è quello sulle responsabilità occidentali nella disastrosa transizione della Russia dal comunismo al capitalismo. In questo, come in altri campi, abbiamo visto in azione il riflesso pavloviano per cui «è sempre colpa nostra». Nel caso specifico sono circolate versioni secondo cui le privatizzazioni russe durante la presidenza di Boris Eltsin (1991-1999) avrebbero avuto la loro vera regia a New York (finanza di Wall Street) e a Washington (Banca mondiale, Fondo monetario internazionale). In buona sostanza, questa è una favola. Il ruolo della finanza occidentale fu marginale, quel grande saccheggio che furono le privatizzazioni russe fu perpetrato da un'élite russa ai danni del popolo russo. Negli anni Novanta gli investimenti stranieri in Russia ammontarono a qualche miliardo di dollari l'anno, meno che nella piccola Ungheria. In compenso, durante quel decennio le fughe di capitali dalla Russia raggiunsero i 150 miliardi di dollari: quasi il quadruplo dei prestiti concessi dal Fondo monetario internazionale. È così che nacquero le grandi fortune degli oligarchi, una parte delle quali veniva messa al sicuro in banche svizzere o inglesi, o a Dubai e Hong Kong. Secondo una vecchia battuta che quel popolo si tramanda con amaro sarcasmo, la Russia è il paese più ricco al mondo, «perché, nonostante tutti abbiano rubato allo Stato per quasi sessant'anni, c'è ancora qualcosa da rubare». Da questi furti gli stranieri furono quasi sempre esclusi. Un esempio: nel 1991 la Fiat aveva offerto 2 miliardi di dollari per comprare la fabbrica russa di automobili AvtoVAZ, che fu invece venduta (o meglio svenduta) a investitori locali per 45 milioni di dollari. È con queste svendite, rapine, favoritismi che si creò una nuova classe di capitalisti russi, molto spesso ex funzionari dello Stato o del Partito comunista. Dal passaggio del millennio in poi, a presidiare questa operazione di «accumulazione primitiva» – per usare un gergo marxiano – è intervenuto Putin, prima espressione delle caste di oligarchi, poi maestro nel gioco di ricattarli, asservirli, manovrarli.

Dal collasso del comunismo sovietico non è scaturita l'Apocalisse (politica, economica, sociale, civile, militare), che poteva esserne la diretta conseguenza. Ma è d'obbligo constatare che il verdetto è ancora sospeso. L'Apocalisse russa non è impossibile, e le responsabilità ricadono in modo soverchiante sulla classe dirigente di questa nazione.

Un episodio emblematico è avvenuto dopo l'invasione russa della Georgia nel 2008, nel nono anno dell'era Putin. Si tratta delle trattative con la Francia per l'acquisto di navi per il trasporto di elicotteri della classe Mistral. I generali russi dichiarano che se nell'agosto 2008 avessero avuto a disposizione questo tipo di navi le operazioni contro la Georgia «sarebbero durate non otto giorni, ma poche ore». Cito questo aneddoto perché è significativo del letargo europeo e occidentale di fronte alla rinascita di una minaccia strategica da Mosca. Più di un anno prima di attaccare Tbilisi, Putin aveva svelato la sua nuova dottrina. A partire dal discorso di Monaco del febbraio 2007, il presidente russo ha cambiato decisamente tono: l'Europa non è più «la nostra casa comune», come sosteneva Gorbaciov, e un rapido avvicinamento a essa non corrisponde più agli interessi russi, come ai tempi di Eltsin. Gli Stati Uniti non sono un partner, ma una minaccia per l'identità, gli interessi nazionali e le tradizioni del paese. In altri termini, l'Occidente rimane come in passato l'avversario strategico della Russia.

Per Putin, la guerra fredda non è mai finita. La dissoluzione dell'Unione Sovietica, che lui definì una tragedia, nella sua ottica fu il frutto di errori rimediabili. La sua intenzione di ricostruire una sfera d'influenza russa paragonabile a quella dell'Urss era già esplicita nel 2007. Nonostante questi suoi propositi, e anche dopo l'aggressione contro la Georgia, il fatto che la Francia negoziasse tranquillamente forniture militari a Mosca la dice lunga sulla nostra miopia. Questi fatti sono incompatibili con la teoria dell'accerchiamento ordito dalla Nato ai danni di Mosca, che la propaganda di Putin è riuscita a diffondere tra fasce notevoli dell'opinione pubblica italiana. Lungi dall'assediare Putin, l'Occidente ha ignorato a lungo i suoi propositi di rivincita, anzi li ha resi possibili finanziando e armando il leader russo.

Lev Gudkov e Victor Zaslavsky, nel saggio *La Russia da Gorbaciov a Putin* (il Mulino, 2010), ricordano altri caratteri distintivi dell'era putiniana che avrebbero dovuto apparirci chiari – e allarmarci – già vent'anni prima dell'attacco all'Ucraina: per esempio, la crescente attrazione verso la Cina; e il ritorno di un atteggiamento culturalmente imperialista verso i paesi più piccoli, in particolare quelli dell'Est europeo e le Repubbliche ex sovietiche. Colpiscono passaggi come questo: «Nel periodo sovietico il migliore tenore di vita dei paesi dell'Europa orientale era compensato, agli occhi dei russi, dal senso di superiorità che conferiva loro l'impero, tale da far considerare loro i cittadini di quei paesi come dipendenti di Mosca, o "fratelli minori" del campo socialista. Ai rapporti si applicavano le norme del paternalismo di Stato, tipico delle società con una cultura politica da grande potenza. La popolazione sovietica considerava tutti gli avvenimenti che la riguardavano dal punto di vista delle opposizioni "amici-nemici" e "centro-periferia", identificando se stessa con il potere imperiale, in contrapposizione a tutti gli altri. Simili idee erano diffuse non solo in vasti strati della popolazione soprattutto urbana, ma anche nell'intellighenzia sovietica, per la quale il paternalismo di Stato aveva il proprio fondamento nella presunta superiorità degli eredi di una grande cultura imperiale nei confronti delle "piccole" culture».

L'opera di Gudkov e Zaslavsky illumina il periodo chiave della transizione dal comunismo al regime putiniano. Quest'ultimo ha due differenze notevoli rispetto all'Urss.

Il sistema economico nella Russia post-sovietica è capitalista, anche se con un ruolo decisivo e in certi settori (armi, energia) dominante delle grandi imprese di Stato. L'ideologia non è più socialista, i «valori morali» a cui si richiama Putin sono quelli della tradizione conservatrice (russa e non solo), come per esempio il patriarcato e la visione ancestrale della divisione dei ruoli tra i sessi. L'alleanza con la Chiesa ortodossa russa riesuma tratti tipici del regime zarista. Queste differenze con l'ideologia ufficiale del comunismo sovietico non devono far sottovalutare gli elementi di continuità. Nella transizione durante la presidenza di Eltsin, il passaggio fatale è la scelta di quel leader di salvarsi da un disastro personale e politico appoggiandosi sugli uomini dei servizi segreti e dell'esercito. È così che il Dna sovietico si tramanda alla Russia di Putin: attraverso un imponente apparato burocratico, poliziesco e militare, che traghetta il paese da un sistema politico all'altro, salvando quasi tutti gli aspetti più deleteri e retrogradi dell'esperienza sovietica. Ma anche con qualche «elemento di socialismo»: il passaggio della Russia al capitalismo avviene, almeno inizialmente, cercando di non infliggere troppe perdite alla condizione dei lavoratori. Quei lavoratori erano poveri, stavano molto peggio della classe operaia occidentale, però avevano il posto fisso assicurato e altre piccole consolazioni tipiche di un sistema statalista.

In conclusione, la vicenda di Eltsin fa giustizia di chi pensa che lo stato penoso della Russia di oggi sia «colpa nostra», vuoi perché abbiamo alimentato la sua paranoia imperialista, vuoi perché l'abbiamo mal consigliata su come si costruiscono la democrazia e l'economia di mercato. Non è così, e il libro di Gudkov e Zaslavsky espone con autorevolezza il protagonismo russo in tutte le scelte più dissennate, in particolare la decisione di affidare la nazione agli uomini dei suoi servizi segreti e di altre burocrazie poliziesco-militari.

Per capire la Russia che nel 2022 aggredisce l'Ucraina, un altro aspetto chiave è la debolezza delle correnti democratiche nella società civile e nell'élite russa: risultato di decenni di annientamento perseguito dal regime sovietico, in particolare dalla sua polizia politica e dai suoi servizi segreti. Pesa il fatto che almeno tre generazioni di russi sono vissute in uno stato d'isolamento dall'Europa occidentale. Per i russi questa forma d'isolamento ebbe inizio con il 1917, trent'anni prima che la separazione venisse imposta da Stalin ad altri paesi dell'Europa centro-orientale. Questo spiega perché sia stato relativamente più facile per i paesi baltici, per la Polonia o per la Repubblica Ceca reinserirsi in una famiglia occidentale, dalla quale erano stati allontanati con la violenza, ma per un periodo non lunghissimo.

Sul ruolo della violenza nella storia russa attiro l'attenzione su un passaggio firmato dal più grande esperto di questo paese nella diplomazia americana, quel George Kennan che fu il teorico originario della dottrina del contenimento agli albori della guerra fredda: «Dall'epoca della guerra dei Trent'anni, nessun popolo è stato così profondamente traumatizzato e oppresso da successive ondate di violenza come il popolo russo nel brutale XX secolo. Ci sono state la guerra russo-giapponese del 1904-1905; le spaventose perdite umane provocate dalla partecipazione russa nella prima guerra mondiale; le crudeltà e le lotte legate al consolidamento del potere comunista seguito alla prima guerra mondiale; le enormi perdite umane della seconda guerra mondiale; e, infine, completando e soverchiando tutti questi disastri, ci sono stati immensi danni sociali e spirituali, e addirittura genetici, inflitti al popolo russo dallo stesso regime comunista durante i sette decenni del suo dominio. In questo enorme processo distruttivo, tutti i pilastri sui quali si basa ogni società moderna ragionevolmente progredita – fede, speranza, fiducia nella propria nazione, equilibrio tra gruppi di età, struttura familiare e molti altri – sono stati annientati. Perdite e abusi di tale portata non possono essere superati in un decennio e probabilmente neanche in una generazione».

Yuri Levada, decano della sociologia russa, sostiene che il suo paese non ha mai sperimentato la democrazia liberale e perciò i valori dell'individualismo, dei diritti umani e della tolleranza non hanno messo radici neppure negli strati istruiti della popolazione.

Perché non è stata possibile neppure una «via cinese» in Russia? Cioè una modernizzazione di successo, un balzo in avanti nello sviluppo economico, una diffusione di massa della prosperità, sotto la guida autoritaria e illiberale di un partito unico? Una risposta di Gudkov e Zaslavsky, interessante ancorché controversa, chiama in causa paradossalmente l'arretratezza della Cina che avrebbe consentito alla nomenklatura comunista di estrarre dal suo proletariato un valore aggiunto che non si poteva ottenere dalla classe operaia sovietica senza conflitti insostenibili. A mio parere, ha giocato un altro fattore, e cioè l'antichissima vocazione capitalista della Cina, già ben visibile prima ancora che la visitasse Marco Polo. La Cina era molto più avanzata di noi quando l'Europa occidentale visse la fioritura del suo Rinascimento; da quest'ultimo la Russia rimase al contrario tagliata fuori, accumulando ritardi mai più recuperati.

È diventato un luogo comune affermare che le sanzioni adottate dall'Occidente contro la Russia fanno male a noi anziché a Vladimir Putin. Non è d'accordo Bill Browder, l'autore di *Sfida allo Zar* (Chiarelettere, 2022). La sua voce merita di essere ascoltata, visto che da dieci anni Putin gli dà la caccia, ha tentato di farlo deportare a Mosca, e in un vertice con Donald Trump chiese la sua testa nell'ambito di uno scambio di spie. Browder crede all'utilità delle sanzioni, soprattutto quelle ad personam, che colpiscono gli oligarchi sequestrando i loro beni e vietandone l'ingresso nei paesi occidentali. Non perché s'illuda che quei miliardari abbiano qualche potere di pressione su Putin. Al contrario, è convinto che ne siano succubi, ricattabili e incapaci di sfidarlo. La ragione per cui Browder crede alle sanzioni è un'altra. «Gli oligarchi» sostiene «sono i custodi della sua ricchezza personale, che lui non può o non vuole intestarsi. Quando un oligarca vale 20 miliardi di dollari, la metà sono soldi di Putin. Sanzionare gli oligarchi non gli farà cambiare i suoi piani, però gli toglie ricchezze con cui finanzia le sue guerre.»

È la storia di Browder a rendere il suo parere autorevole. Questo finanziere anglo-americano di 58 anni fu uno dei più brillanti investitori occidentali in Russia nell'epoca «selvaggia» della transizione dal comunismo al capitalismo. Tramite il suo fondo Hermitage Capital Management ebbe un ruolo nelle privatizzazioni, come azionista di minoranza. Ivi compreso nel colosso Gazprom. Proprio perché i veri padroni erano altri – gli oligarchi, appunto – lui vide da vicino i metodi di gestione delle grandi imprese russe: le ruberie sistematiche ai danni degli azionisti e dello Stato, l'evasione fiscale e la frode, la corruzione, il falso in bilancio. Browder interpretò la parte dell'azionista militante, il socio di minoranza che denuncia, chiede trasparenza, esige pulizia nell'interesse di tutti. Ebbe libertà di manovra fino al 2003. In quell'anno Putin fece arrestare e incarcerare Michail Chodorkovskij, all'epoca il più ricco degli oligarchi: un segnale di svolta, l'inizio di una fase in cui i grandi capitalisti venivano asserviti al potere politico, oppure cadevano in disgrazia e potevano pagare con la vita.

Browder fu espulso dalla Russia nel 2005. In seguito gli uffici di Hermitage furono presi d'assalto dalla polizia. Le prove che vi erano custodite sulla corruzione di oligarchi, politici, funzionari pubblici vennero usate per fabbricare una montatura contro Browder. Il suo legale di fiducia, il russo di origine ucraina Sergej Magnitskij, fu arrestato dagli stessi ufficiali di polizia che lui aveva accusato di corruzione. Detenuto per un anno senza essere mai incriminato, il legale morì alla vigilia della scarcerazione, con ogni probabilità ucciso dagli agenti di custodia. Ebbe inizio allora la crociata politica di Browder, di cui il suo libro è l'ultima testimonianza. Il finanziere riuscì a sensibilizzare opinioni pubbliche, media e Parlamenti, negli Stati Uniti e poi in tutto l'Occidente. Il risultato fu il «Magnitsky Act», legge varata negli Stati Uniti nel 2012, poi il «Global Magnitsky Act» del 2016. Normative analoghe sono state adottate anche in diversi paesi europei. È la prima legislazione di vasta portata che consente di colpire con sanzioni economiche ad personam coloro che sono colpevoli di gravi abusi contro i diritti umani e corruzione. L'efficacia di Browder spiega l'accanimento di Putin contro di lui, la caccia all'uomo raccontata in *Sfida allo Zar* e anche nel libro precedente, *Red Notice. Scacco al Cremlino* (Baldini+Castoldi, 2016).

La gestazione dei due «Magnitsky Act» e la loro applicazione sono vicende istruttive. Barack Obama fece di tutto per non firmare la prima delle due leggi, dovette piegarsi nel dicembre 2012 su pressione del Congresso, e comunque incollò la legge antiabusi a un provvedimento che normalizzava le relazioni economiche con la Russia. Obama credeva ancora nell'utilità dei rapporti d'affari con Mosca. L'arrivo di Trump segnò altre indulgenze verso Putin, e anche in questo caso solo la pressione del Congresso impedì che venissero sabotate le sanzioni. In quanto all'applicazione del «Global Magnitsky Act», da parte delle autorità americane ed europee, è rimasta perlopiù inesistente fino alla guerra in Ucraina.

Il tema di *Sfida allo Zar* è proprio questo: le sanzioni funzionano poco o male, anche perché i complici di Putin sono in mezzo a noi. Il libro racconta soprattutto la battaglia che ha opposto Browder alla società russa Prevezon sul suolo americano. Usando gli stessi fondi accumulati attraverso le frodi che Magnitskij aveva scoperto e denunciato, la Prevezon ha condotto la sua offensiva dentro il sistema giudiziario statunitense per svuotare le sanzioni. Nel frattempo le autorità russe cercavano di demolire l'immagine di Browder attraverso campagne di diffamazione. Non tutti i russi lo considerano un nemico della patria. Il dissidente Boris Nemtsov definì il «Magnitsky Act» come «la legge più filorussa mai varata negli Stati Uniti», perché con le clausole anticorruzione consentiva di proteggere il popolo russo dalle rapine dei politici e degli oligarchi. Ma Nemtsov è stato assassinato nel 2015. La storia di Browder ha gli ingredienti di un romanzo di spionaggio: avvelenamenti, testimoni scomodi che muoiono cadendo da una finestra o per un improvviso malore. La recente catena di morti «misteriose» nell'entourage di Putin ha arricchito la casistica.

I personaggi più inquietanti che affollano *Sfida allo Zar* sono, teoricamente, dei nostri. È una galleria di ritratti dei complici di Putin che in Occidente hanno cercato di impedire le sanzioni, di proteggere gli oligarchi. Alcuni di loro sono tuttora in grado di aiutare Mosca a evadere le sanzioni usando prestanome, società intestate ad altri, finanza clandestina. In questa fauna c'è di tutto: politici, finanzieri, avvocati, giornalisti. L'establishment in Europa e negli Stati Uniti è infiltrato di complici dell'autocrate. Le loro motivazioni sono variegate: dalla pura e semplice avidità di alcuni a un radicato sentimento antioccidentale di altri. La potenza delle reti di sostegno a Putin è provata dall'episodio in cui Browder viene arrestato e detenuto dalla polizia di Madrid, nel 2018, perché la Spagna esegue un mandato di cattura spiccato da Mosca e trasmesso attraverso l'Interpol. Possiamo immaginare la conclusione della storia, se la pratica fosse proseguita fino all'estradizione.

È tuttavia innegabile che le sanzioni hanno dimostrato la loro inefficacia contro paesi più piccoli della Russia: Cuba, Corea del Nord, Iran, Venezuela. Di qui la tesi, che ha un suo fondamento, secondo la quale a furia di sanzionare i propri avversari l'Occidente accelera un movimento di secessione dall'ordine globale dollaro-centrico. E il vero beneficiario di questa crescente autonomia dal dollaro sarà la Cina. Tutti quei paesi che si attrezzano a vivere sotto un regime di sanzioni americane-occidentali finiscono per gravitare verso un nuovo centro economico globale: Pechino. I cinesi non fanno mistero di avere un disegno di lungo periodo per intaccare, e infine distruggere, la supremazia imperiale del dollaro e dei sistemi di pagamento disciplinati dall'Occidente.

Ecco qualche dato sull'economia russa alla vigilia dell'aggressione contro l'Ucraina. Dal 2014, quando furono varate le prime sanzioni occidentali per castigare Putin dopo l'annessione della Crimea, Mosca ha «sdollarizzato» la propria economia, cominciando dalle riserve della banca centrale. La banca centrale russa, dal 2014 fino al gennaio 2022, ha aumentato di oltre il 70 per cento le sue riserve, a quota 620 miliardi di dollari, ma di questi solo il 16,4 per cento sono dollari, un terzo euro, il 21,7 per cento oro e il 13,1 per cento renminbi. Di questo passo la moneta cinese finirà per superare il dollaro nelle riserve russe. La capacità di reggere l'urto di nuove sanzioni è stata rafforzata con la creazione di un fondo sovrano che accumula redditi dalle esportazioni di gas e petrolio. L'aumento dei prezzi energetici ha arricchito questo fondo di 190 miliardi di dollari nell'ultimo trimestre del 2021, proprio mentre Putin stava ormai per lanciare l'attacco contro Kiev. Il debito pubblico federale, all'epoca, era sceso al 20 per cento del Pil, secondo l'agenzia Fitch. La quota di buoni del Tesoro russi in mano a investitori stranieri era scesa al 20 per cento, da quando Washington aveva vietato agli americani di comprarli. In quanto alle aziende russe, i prestiti che hanno ricevuto da finanziatori esteri sono scesi da 150 miliardi di dollari nel 2014 a 80 miliardi nel 2021.

In altri termini, la Russia (come l'Iran e la Corea del Nord) si è preparata alla guerra con misure autarchiche, studiate per sopravvivere in un nuovo mondo in cui deve ridurre il proprio accesso al dollaro e ai mercati finanziari occidentali. Questa autarchia ha dei costi, in particolare un rallentamento della crescita: il Pil russo, dal 2013 al 2021, è aumentato solo dello 0,8 per cento annuo contro una media mondiale del 3 per cento. Austerità e autarchia non si conciliano con una crescita forte, di cui il popolo russo avrebbe un gran bisogno. Sotto Putin, e sotto le sanzioni, l'economia russa torna a vivere in un universo separato, con qualche analogia con l'epoca sovietica. Ma con una differenza fondamentale. Oggi esiste un centro di gravità alternativo: la Cina. Pechino, dal 2008, ha in cantiere molti progetti per costruire un'architettura finanziaria globale diversa da quella americano-centrica.

La Repubblica popolare ignora molte delle sanzioni americane, e così offre delle alternative: l'Iran, per esempio, dirotta verso la Cina le esportazioni di petrolio che non possono andare in Occidente. Xi Jinping incoraggia tutti i paesi partner della Cina a usare il renminbi per le transazioni internazionali. Naturalmente, chi abbandona la finanza globale americano-centrica per entrare nella sfera d'influenza cinese avrà dei prezzi da pagare: anziché conquistarsi una nuova indipendenza finanziaria, scambierà un'egemonia americana con un'egemonia cinese. Gli svantaggi della seconda rischiano di non essere inferiori. Inoltre, il processo di sdollarizzazione, se mai arriverà al traguardo, sarà lento e richiederà decenni. Nel frattempo, essere tagliati fuori dal circuito della moneta universale è un danno quotidiano.

Quattro mesi dopo l'invasione militare russa in Ucraina una moneta sembrava scoppiare di salute: era il rublo. All'inizio della guerra ci volevano 120 rubli per comprare un dollaro. Cinque ondate di sanzioni dopo, la moneta russa si era talmente rafforzata che alla quotazione ufficiale ne bastavano meno della metà, circa 55, per comprare un biglietto verde dello Zio Sam. Come si spiega? Con due fattori, essenzialmente: il rialzo dei prezzi di gas e petrolio, che fino a quel momento arricchiva la Russia e rimpinguava la sua bilancia valutaria; più i controlli sui movimenti dei capitali. Questi ultimi fanno sì che il valore della moneta russa non sia del tutto trasparente e determinato solo dalle forze di mercato. Tuttavia è sintomatico che la banca centrale di Mosca si sia potuta permettere di abbassare i tassi d'interesse, proprio mentre in tutto l'Occidente le banche centrali – guidate dalla Federal Reserve americana – erano costrette ad alzare il costo del denaro per combattere l'inflazione.

Eppure, nell'economia russa non tutto luccica come vorrebbe farci credere Putin. Il rublo è forte, ma riesce a comprare meno cose di prima, perché molti prodotti occidentali scarseggiano o si possono trovare solo al mercato nero. Pesa, tra l'altro, l'esclusione dal sistema Swift per i bonifici e i versamenti internazionali, che isola la Russia anche dai circuiti delle carte di credito. Il costo di un iPad, per esempio, è raddoppiato. Un normale cittadino russo non riesce più ad accedere all'abbonamento Netflix o Amazon per l'embargo sui sistemi di pagamento. I disagi ci sono, e prevedibilmente cresceranno. Però sbaglieremmo a liquidare come pura propaganda le parole di Putin quando schernisce le nostre sanzioni.

Su «Foreign Affairs» l'economista Barry Eichengreen distingue i vari significati che ha (o non ha) il potere economico come arma nelle relazioni internazionali. In particolare guardando all'Occidente, che rappresenta l'area più ricca del mondo. Noi abbiamo un potere economico considerevole: quello di infliggere danni attraverso le nostre sanzioni. Putin, per esempio, si vede negare l'accesso a tecnologie avanzate che solo l'Occidente possiede, e che sono essenziali anche per i suoi armamenti (la Cina cercherà di sostituirsi a noi, ma ci vorrà tempo, e comunque il suo supporto non è gratis per i russi). Altra cosa, invece, è il potere di far cambiare strada a Putin: quello è al di fuori delle nostre capacità. La nostra forza economica non arriva fin lì.

Nel lungo termine, però, lui presiede a un'operazione di *decoupling* gravida di conseguenze. I suoi predecessori, anche comunisti ottusi come Leonid Brežnev, costruirono per decenni dei legami strutturali fra Mosca e l'Europa occidentale attraverso la dipendenza energetica. Putin, attirandosi le sanzioni, fa sì che tutte le economie dell'Europa occidentale abbiano iniziato una lenta, faticosa, costosa e dolorosa torsione geografica, per cercarsi approvvigionamenti e sbocchi altrove. Alla fine la Russia avrà perso tanta influenza su di noi, e questo è un prezzo incommensurabile.

È in questo contesto che bisogna decifrare il mistero sulle esplosioni sottomarine che il 26 settembre 2022 hanno danneggiato i gasdotti russi Nord Stream 1 e 2, aprendo falle nelle condutture e provocando perdite di metano. Svedesi e danesi hanno subito parlato di sabotaggio. A chi giova danneggiare un'infrastruttura così imponente e costosa, che per anni fu un'arteria vitale dell'energia da est a ovest? Un'infrastruttura, va aggiunto, ormai inutilizzata. Nord Stream 2, il più recente, non ha mai cominciato a pompare gas, perché è rimasto bloccato dalle sanzioni occidentali contro la Russia. Nord Stream 1, invece, è stato uno strumento delle contro-sanzioni inflitte da Putin agli europei. Gazprom ha chiuso i rubinetti di Nord Stream 1 tra la fine di agosto e l'inizio di settembre 2022, prima adducendo la scusa del mancato arrivo di turbine in manutenzione in Canada, poi con un esplicito intento di castigare i clienti europei. Il *cui prodest* si complica, perché gli effetti di questo sabotaggio sono stati nulli nell'immediato: ha danneggiato un gasdotto incompleto (Nord Stream 2) e un altro che aveva già cessato di rifornire l'Europa. Anche se nelle condutture di entrambi il gas c'è, visto che la pressione è indispensabile per mantenere quei tubi in buono stato.

Quale vantaggio avrebbe la Russia a sabotare Nord Stream? Tre ipotesi. La prima descrive l'attentato come l'ennesimo gesto teso a generare insicurezza sui mercati dell'energia, per danneggiare gli europei e aumentare la pressione politica a cui Mosca li sottopone con le sue contro-sanzioni.

Una seconda ipotesi è l'avvertimento. L'attentato ha danneggiato un'infrastruttura russa, ma domani potrebbe colpire altrove. La capacità tecnica di orchestrare tre esplosioni sottomarine in una zona che dovrebbe essere sorvegliatissima dalla Nato, fra le coste di due paesi membri (Germania e Danimarca) e di un futuro membro (Svezia), è un segnale di quanto siamo esposti e insicuri. Chi ha fatto esplodere tre cariche a grande profondità lungo il gasdotto Nord Stream in futuro potrebbe prendere di mira un'infrastruttura più vitale: centrali elettriche o nucleari su territori Nato, per esempio.

Una terza ipotesi è quella di rendere irreversibile la torsione geostrategica della Russia verso Oriente. Mettere fuori uso Nord Stream significa colpire le speranze che un giorno si possano normalizzare i rapporti fra Mosca e l'Europa: chiunque sia a nutrire quella speranza. Se è stato Putin, può essere un modo per indicare ai suoi che il futuro della Russia sarà per sempre centrato sui rapporti con la Cina (e l'India). Indietro non si torna. L'Occidente sarà nemico per sempre. Questo può essere un messaggio contro eventuali «colombe».

L'insieme di queste congetture punta verso uno scenario inquietante, che alcuni esperti definiscono così: la Russia diventerà come l'Iran. Il paragone è con il ruolo del regime degli ayatollah nel sostenere varie offensive terroristiche – dichiarate o meno – contro i suoi vicini e contro gli interessi occidentali.

Messa al bando dall'Occidente, sempre più isolata da noi, ma non priva di sostenitori in altre parti del mondo, la Russia di Putin potrebbe avviarsi a diventare un *rogue State*, o Stato-canaglia, che fa dell'illegalità la sua cifra identitaria. In questo scenario ha un posto di rilievo la guerra ibrida: un conflitto non dichiarato e asimmetrico contro l'Occidente, portato avanti con metodi a metà strada fra la guerra classica e il terrorismo. Già negli anni passati la Russia aveva intensificato i suoi cyberattacchi. Gli attentati contro le nostre infrastrutture potrebbero rientrare in un nuovo capitolo di questa guerra ibrida. Che ha una caratteristica tipica: la *deniability*, o «smentibilità», il fatto di poter gettare il sasso e nascondere la mano. Le fughe di gas metano al largo delle coste danesi, tedesche, svedesi hanno assunto le caratteristiche del «terrorismo ecologico», perché hanno diffuso metano che contribuisce al cambiamento climatico. Rispetto alle vittime dell'invasione in Ucraina è poca cosa, ma per le opinioni pubbliche ambientaliste in Germania, Danimarca e Svezia si tratta comunque di un nuovo motivo di allarme. La pista russa nelle esplosioni che hanno danneggiato Nord Stream potrà un giorno ricevere conferme o smentite. Ma la possibilità che la Russia si trasformi in un grande Iran non va scartata dai nostri scenari futuri.

Oleg Deripaska è finito nel mirino della Procura generale di Manhattan. La magistratura newyorkese lo ha incriminato, insieme a tre soci, per aver violato l'International Emergency Economic Powers Act. Dietro quel nome si nasconde una delle varie leggi firmate da Joe Biden per sanzionare economicamente la Russia di Putin. Deripaska è un magnate russo di primo piano, fondatore del gigante dell'alluminio Rusal. Di quali violazioni delle sanzioni americane si sarebbe macchiato? Oltre ad aver aggirato la normativa americana con vari espedienti finanziari per mantenere tre case di lusso negli Stati Uniti, Deripaska è accusato di «cospirazione» per aver aiutato la sua amante a viaggiare almeno due volte in America, sempre in spregio alle sanzioni. Perché lo ha fatto? Per consentire alla ragazza di partorire sul territorio statunitense, in modo che il figlio possa avere la cittadinanza americana. Essere russo lo riempie sicuramente di orgoglio, però preferisce che il figlio naturale nasca americano. Cioè cittadino di quel paese che Putin in un celebre discorso ha descritto come dedito al «satanismo», nientemeno.

La notizia sull'oligarca è cronaca rosa, in confronto ad altri eventi accaduti in territorio russo. Una narrazione ebbe grande diffusione tra i tanti putiniani d'Italia, quelli palesi e quelli inconfessati. Soprattutto nei primi mesi di guerra, spesso volte abbiamo sentito dire che non c'è speranza di vittoria contro la Russia, visto il profondo nazionalismo del suo popolo e la sua capacità di sofferenza illimitata. Quella narrazione invitava l'Ucraina alla resa rapida e incondizionata, e l'Occidente a voltarsi dall'altra parte. Poi, quando Putin ha lanciato l'ordine di mobilitazione, è accaduto che masse di maschi adulti sono corsi alle frontiere non per combattere ma per scappare. E qui Putin ha dovuto mobilitare reparti armati con mezzi corazzati non per mandarli in Ucraina, ma al confine con la Georgia ad arginare il fuggi fuggi generale. Profondo nazionalismo e capacità di sofferenza illimitata, nell'anno di grazia 2022, hanno caratterizzato viceversa il popolo ucraino.

L'orrore della guerra, che ha fatto di Putin un reietto in Occidente, non ha sortito però gli stessi effetti nel resto del mondo. Perlomeno, non nei primi otto mesi di quel conflitto, nonostante le atrocità, le vittime civili, le distruzioni provocate dai bombardamenti di missili. In quegli otto mesi di crimini, Putin ha perso 2 voti su 193: un'inezia, nel concerto delle nazioni. Che ci piaccia o no, questo è il verdetto delle votazioni alle Nazioni Unite. Un'ampia maggioranza di governi condanna il suo operato, ma la minoranza che si rifiuta di prendere posizione non si sposta. Includendo Cina e India, questa minoranza di governi rappresenta metà della popolazione del globo. Inoltre, anche tra coloro che formalmente condannano le azioni della Russia con i loro voti all'Onu, molti si rifiutano di aderire alle sanzioni contro quel paese. Che cosa potrebbe modificare questo stallo in futuro? Forse l'uso dell'arma nucleare?

Innanzitutto, guardiamo i numeri. Il 2 marzo 2022, meno di una settimana dopo l'invasione, una risoluzione di condanna presentata all'assemblea delle Nazioni Unite ottenne 141 adesioni, 35 governi si astennero e 5 bocciarono quel testo in aperto appoggio a Mosca. Quasi otto mesi dopo, il 12 ottobre 2022 i rappresentanti dei governi al Palazzo di Vetro erano chiamati a prendere posizione sui referendum illegali con cui Putin aveva voluto sancire l'annessione di territori invasi con la forza militare. I voti di adesione alla condanna sono saliti solo a 143. Gli spostamenti da un campo all'altro sono stati marginali: l'Iraq e l'Angola, che a marzo si erano astenuti, a ottobre hanno condannato la Russia. La mappa nell'insieme è cambiata poco. Cina e India sono rimaste nel campo delle astensioni. Anche dove il comportamento diplomatico dei governi è allineato con l'Occidente – per esempio, gran parte dell'America latina condanna la guerra della Russia – le azioni economiche vanno in altra direzione: non vengono applicate le nostre sanzioni. Vale per l'Arabia Saudita, che al Palazzo di Vetro condannava gli atti di Putin, ma lo agevolava nei fatti con un taglio alla produzione di petrolio deciso in seno all'Opec.

Dunque, l'immagine di un Putin assediato, in ritirata, indebolito dai rovesci che subisce sul terreno militare, per otto lunghi mesi non ha avuto alcun riscontro nel comportamento di molte decine di governi. Addirittura una maggioranza, se guardiamo alla mappa delle sanzioni. Perché l'Occidente e i suoi alleati (Giappone, Corea del Sud, Australia, Nuova Zelanda) hanno così poca influenza sui paesi «non allineati», in particolare le nazioni emergenti in Asia, America latina, Africa? Una risposta sta negli interessi materiali. La Russia, negli ultimi anni, ha rafforzato la sua presenza militare e persino economica in molte aree da cui noi ci siamo ritirati. Le spiegazioni sono alla luce del sole. I paesi europei sono restii a investire in armamenti e la loro attività militare – per esempio in Africa – è marginale, con l'eccezione della Francia, peraltro anch'essa in ridimensionamento. L'America riduce il suo ruolo di gendarme mondiale. Per quanto riguarda la presenza economica, noi stessi disincentiviamo le nostre aziende dal competere con le concorrenti cinesi o russe in Africa, Asia, America latina. Una multinazionale occidentale che investe in paesi poveri è sospettata di sfruttarli, di commettere abusi contro la manodopera, di danneggiare l'ambiente, di pagare tangenti. La presunzione di colpevolezza prevale. Nessuna azienda cinese o russa ha di questi problemi.

C'è qualcosa che potrebbe cambiare gli equilibri del consenso/dissenso/neutralità attorno a Putin? Washington pensa che l'eventuale uso di armi nucleari – tuttora considerato improbabile – sarebbe un *game-changer*, uno shock tale da cambiare il gioco. A cominciare dai comportamenti di India e Cina. L'India ha un vicino, il Pakistan, con cui ha già combattuto quattro guerre convenzionali. Il Pakistan è in stato d'inferiorità negli armamenti convenzionali, e potrebbe essere tentato di usare armi nucleari tattiche (che possiede) per prevalere. Se Putin «sdogana» l'arma nucleare, questo costituisce un precedente terribile dal punto di vista indiano. In quanto alla Cina, se Putin normalizza le armi nucleari, e quindi costringe il mondo intero a considerarle utilizzabili in scenari futuri, questo aumenta le chance che Giappone e Corea del Sud si dotino di un proprio arsenale atomico. Una prospettiva pessima per i cinesi.

VII

Dopo la bomba demografica, il deserto umano

La censura di Stato cinese ha colpito in modo esilarante un film di animazione americano, *Minions 2 - Come Gru diventa cattivissimo*. Nella versione originale ci sono due protagonisti, due canaglie, che la fanno franca. In Cina questo non è ammissibile, sicché, all'uscita del film nella versione in mandarino, i titoli di coda sono stati accompagnati da un'aggiunta. Uno dei due mascalzoni finisce in galera, perché il messaggio sia che il crimine non paga. L'altro si redime diventando un amorevole padre di tre bambine. Perbacco: addirittura tre? In quella che un tempo era la terra dei figli unici? Eh già, proprio qui sta il messaggio pro natalità che la propaganda comunista infila di soppiatto nel film americano. Altro che controllo delle nascite: crescete e moltiplicatevi è la parola d'ordine aggiornata. Tre figli è il nuovo numero perfetto, da quando i leader di Pechino sono ossessionati dallo scenario di un rapido declino demografico. Ma hanno ragione ad avere paura? Quali sono i numeri che contano, quando parliamo di trend della popolazione, cinese o mondiale?

C'era una volta la bomba demografica. Oggi, più limitata, c'è la bomba demografica africana. Finirà per rivelarsi anche quella un'esagerazione? Le previsioni sull'andamento della popolazione hanno una dimensione scientifica e una ideologica. Non sempre è facile distinguere fra le due. Dai tempi di Thomas Robert Malthus, influenti correnti di pensiero, come abbiamo visto, hanno interpretato il futuro dell'umanità in base a previsioni catastrofiste sull'impossibilità di mantenere troppi esseri umani. Secondo Malthus, la chiave di tutto stava nell'incapacità dell'agricoltura di sfamare una popolazione crescente; quindi l'Apocalisse sarebbe arrivata sotto forma di carestie che avrebbero falcidiato i troppi nati. Oggi il malthusianesimo viene riscoperto da certi ambientalisti secondo cui la specie umana è già in eccesso rispetto alle risorse del pianeta, e la natalità viene vista come una forza distruttiva. Con Napoleone Bonaparte venne aggiunta una dimensione geopolitica alla demografia; la potenza delle nazioni venne collegata al numero di abitanti: potenziali soldati della Grande Armée napoleonica nell'Ottocento, poi produttori di Pil nella versione più moderna. Perciò le proiezioni su natalità, invecchiamento, mortalità sono anche messe al servizio delle analisi sulla gara tra superpotenze.

Quanto sono affidabili le previsioni sul numero di abitanti del pianeta, o di questo o quel paese? Le più citate sono quelle delle Nazioni Unite, spesso però chi le maneggia dimentica di precisare quanto siano avvolte in un'ambiguità notevole. In quest'anno di grazia 2022 la popolazione della terra ha raggiunto gli 8 miliardi. Poi, l'Onu dice che arriveremo a 9,7 miliardi nel 2050, e questa cifra rappresenta una correzione clamorosa – al rialzo di 800 milioni! – rispetto ai calcoli che la stessa istituzione faceva vent'anni fa. Per la fine del secolo l'Onu presenta due opzioni: potremmo salire ulteriormente fino a un massimo di 12,4 miliardi, oppure al contrario scendere a quota 8,9. C'è una differenza enorme: in un caso il boom demografico continua, nell'altro c'è una netta inversione di tendenza. Quasi tutto si gioca in Africa, perché nel resto del mondo la denatalità è già cominciata da tempo e si trasforma persino in spopolamento (dall'Europa alla Cina), oppure c'è una crescita demografica in rallentamento (India). Si capisce che l'Onu voglia salvaguardare la credibilità delle sue previsioni adottando una forchetta molto larga, il risultato però è di descriverci due futuri alternativi: in uno c'è la bomba demografica, nell'altro c'è l'inversione di tendenza e la popolazione umana sul pianeta terra decresce. Non è una piccola differenza. Questa ambiguità, flessibilità o incertezza è in netto contrasto con i toni di certi demografi che lanciano proclami perentori, allarmi definitivi, per esempio sullo spopolamento sicuro dell'Europa. Certezze dogmatiche a cui fanno seguire terapie altrettanto dottrinarie, per esempio sull'immigrazione come panacea universale per salvarci dall'estinzione.

(Avvalendomi di grandi economisti progressisti, da Karl Marx a Robert Skidelsky, io ho già confutato altrove, nei miei libri *La notte della sinistra* e *Suicidio occidentale*, le falsità sull'immigrazione come ricetta miracolosa per curare la denatalità, salvare le nostre pensioni, rilanciare lo sviluppo economico, ecc. Nel frattempo, quattro anni di semichiusura delle frontiere americane sotto le amministrazioni Trump-Biden hanno confermato la basilare regola del mercato del lavoro: riducendo i flussi migratori sono migliorati i salari dei lavoratori locali. Resta insopportabile la disonestà di chi descrive l'apertura delle frontiere come un gesto di generosità, mentre è una rapina di risorse umane ai danni dei paesi poveri: come dimostra la storia del nostro Mezzogiorno.)

L'Onu non è l'unica fonte autorevole per gli studi demografici. A elaborare proiezioni alternative ci sono altri centri studi, tra cui il Wittgenstein Centre for Demography and Global Human Capital, dell'Università di Vienna. Secondo questo istituto, il picco massimo della popolazione umana è più vicino, è più basso, e il declino arriverà prima. Poiché tutto si gioca in Africa, i diversi scenari per il Continente

Nero spiegano la divergenza nelle proiezioni. Per l'Onu, la popolazione africana crescerà dagli attuali 1,3 a 3,9 miliardi alla fine del secolo. Per il centro Wittgenstein di Vienna, invece, si fermerà a 2,9 o addirittura a 1,7 miliardi.

La differenza sostanziale si spiega con il fattore istruzione. I cambiamenti riproduttivi sono influenzati in modo determinante dal livello d'istruzione, soprattutto delle donne. In tutte le aree del mondo, senza eccezione, quando sale il livello di scolarità femminile, e con esso anche l'accesso delle donne al mercato del lavoro, la natalità scende, o addirittura crolla. È una legge inesorabile che si sta confermando anche in India, sia pure con qualche lentezza. La politica del figlio unico in Cina ha anticipato e accelerato il trend, ma il crollo della natalità cinese si sarebbe verificato lo stesso, per il semplice effetto dello sviluppo economico che ha portato con sé un'istruzione migliore e più opportunità di carriera per le cinesi. Una volta che le donne – e anche i loro mariti – decidono che la soluzione ottimale per rendere compatibili il lavoro e gli impegni familiari è avere pochi figli, o uno solo, o addirittura nessuno, è difficile che facciano marcia indietro. La prova su scala gigante la fornisce appunto la Cina: il regime, spaventato dagli effetti del declino demografico, ha cancellato la politica del figlio unico e l'ha sostituita con incentivi a fare più figli, ma senza risultati. Troppo tardi, adesso la scelta è in mano alle cinesi, che considerano un solo figlio come un investimento già enorme in termini di tempo, energia, attenzione e denaro. È su questa valutazione dei costi e i benefici della procreazione che bisogna intervenire, sia sul fronte economico-sociale che su quello etico-culturale, se si vuole influenzare il comportamento delle potenziali mamme.

Le proiezioni sulla popolazione mondiale dipendono dunque dalle aspettative che abbiamo sull'Africa. Se prevediamo un Continente Nero bloccato nella povertà, nella violenza e nell'instabilità politica, allora è razionale che la condizione femminile migliori troppo lentamente, e che la crescita demografica segua il trend più alto indicato dall'Onu. Se l'Africa imboccherà un percorso di sviluppo, seguirà la stessa legge demografica che ha condizionato il resto del mondo. Il centro Wittgenstein punta sul fatto che l'Africa non rimanga per sempre prigioniera della situazione attuale. Alcuni segnali sembrano confortare il suo ottimismo, ivi compresa l'avanzata «neocoloniale» della Cina, che vi trapianta il suo modello di sviluppo: con tante forme di sfruttamento, saccheggio delle risorse, abusi dei diritti umani, ma anche un'industrializzazione che ha funzionato altrove per innalzare i livelli di vita. Se qualche variante del modello cinese dovesse funzionare in Africa, fra le tante proiezioni sbagliate ci saranno anche i luoghi comuni sull'«inevitabile» invasione dell'Europa da parte di masse sterminate di poveri dall'emisfero Sud.

Le conseguenze geopolitiche che si possono trarre dalle proiezioni demografiche sono tante, sempre con la cautela di non confondere le previsioni con certezze. Nei rapporti di forza tra le nazioni, una prima cosa che balza agli occhi è il sorpasso dell'India sulla Cina: gli indiani, secondo l'Onu, saranno 1,7 miliardi nel 2064, il 50 per cento in più dei cinesi. Molte osservazioni sul futuro demografico si focalizzano sull'ipotesi che la Cina stia entrando in una fase di decadenza perché si riduce la sua abbondante forza lavoro (meno 70 milioni entro il 2035), mentre aumenta una popolazione anziana che va mantenuta. La distanza tra la popolazione cinese e quella americana è destinata a ridursi, mentre resta notevole il divario economico tra le due superpotenze rivali: nel 2050 la Cina rischia di non aver raggiunto neppure la metà del reddito pro capite degli Stati Uniti. Il «declinismo» applicato alla Cina, talvolta con toni apocalittici, è una nuova variante del malthusianesimo? Di sicuro tende a sottovalutare l'esempio del vicino Giappone, che ha dimostrato, prima di tutti, come si possa coniugare l'invecchiamento demografico con un nuovo equilibrio economico.

Dopo decenni di allarmismo sull'eccesso di nascite, non è affatto passato di moda l'atteggiamento malthusiano per cui «siamo troppi sul pianeta». Oggi convive con un nuovo allarmismo di segno opposto che lamenta l'improvvisa scarsità di giovani, la penuria di manodopera: quella che ora è in testa alle preoccupazioni di Xi Jinping. I fautori dell'Apocalisse hanno una cosa in comune: la sfiducia nelle capacità di adattamento della specie umana grazie al progresso scientifico, all'innovazione tecnologica, all'intraprendenza economica. Negli anni Sessanta e Settanta del secolo scorso gli allarmi sulla «bomba demografica» si accompagnavano con la certezza che l'agricoltura non avrebbe mai sfamato così tanti miliardi di persone. Invece i progressi nella produttività agricola hanno continuato a garantire che produciamo più cibo di quanto sia necessario: la fame, che purtroppo esiste ancora, è – come abbiamo detto – la conseguenza di inefficienze e diseguaglianze distributive, ma l'innovazione agricola ha avuto la meglio su Malthus.

Oggi l'allarmismo più in voga è esemplificato dall'affermazione: «Noi italiani siamo in via di estinzione». Alla radice c'è una sfiducia totale nella capacità della specie umana di correggersi, di cambiare strada. Negli anni Cinquanta del Novecento, in Europa i nostri nonni erano famosi per la loro prolificità: se qualcuno gli avesse pronosticato un futuro di culle vuote, un paese con un nipote per ogni quattro nonni, avrebbero sghignazzato. Con la stessa sicumera oggi ci avvinghiamo alla certezza che il nostro futuro sarà un prolungamento monotono del nostro presente. Poiché oggi facciamo pochi figli, sappiamo immaginare solo un futuro in cui il numero di figli e nipoti rimarrà lo stesso, in una ripetizione infinita del presente. Gli errori delle previsioni passate sembrano non insegnarci mai nulla.

Al Forum Ambrosetti di Villa d'Este, a Cernobbio, nel settembre 2022, uno dei più grandi investitori americani e mondiali ha lanciato un pressante appello perché i dipendenti tornino a lavorare fisicamente negli uffici delle aziende. Lo ha fatto con un argomento singolare: lo smart working ci isola a contatto con i nostri «replicanti», di conseguenza ci rende più faziosi, più tribali, riduce la nostra esposizione a idee diverse, a gruppi differenti per composizione etnica e sessuale. L'affermazione è interessante. Per capirla fino in fondo bisogna situarla anzitutto nel suo contesto americano, che presenta analogie con quello europeo, ma non è del tutto identico.

Negli Stati Uniti, come in Europa, la fine della pandemia non ha segnato un ritorno alla normalità in ogni campo. Per esempio, rimane l'eredità di un ritardo di apprendimento scolastico, soprattutto nelle fasce sociali meno privilegiate, per effetto della didattica a distanza. Anche il mercato del lavoro continua a recare i segni dello shock pandemico. In particolare, le generazioni giovani e digitali – i laureati che lavorano per aziende di servizi come la finanza o Big Tech – si sono affezionate al lavoro in remoto. Una parte di loro ha cambiato stile di vita, ha lasciato le grandi città, si è riorganizzata l'intera routine familiare: ha scelto paesaggio gradevole, villa con giardino, un diverso equilibrio tra attività professionale e tempo dedicato alla famiglia, o allo sport e al tempo libero, ecc. Oppongono una resistenza enorme contro chi cerca di farli tornare indietro (tanto più se questo comporta la necessità di rivendere la casa, convincere la moglie o il marito e i figli a un nuovo trasloco...). Molti giovani o quasi giovani nei colloqui per l'assunzione mettono lo smart working come condizione non negoziabile, altrimenti il posto non li interessa.

Non si può generalizzare, esistono molti lavori nei quali l'opzione in remoto non è immaginabile: soprattutto lavori manuali, operai, o di servizio alla persona. In quelle mansioni si verificano egualmente fenomeni di penuria di manodopera, però per ragioni diverse. Tuttavia, nelle fasce più qualificate, nei settori più avanzati dell'economia digitale, il fenomeno è rilevante. E sia chiaro che non mi riferisco alla flessibilità, già offerta da tante aziende americane prima della pandemia: i weekend extralunghi, l'opzione di alternare lavoro in ufficio e da casa, la riduzione delle trasferte, sostituite, quando possibile, da videoconferenze, ecc. Questo modello ibrido è ben diverso dallo smart working permanente di chi ha scelto di abitare tra le ridenti montagne dell'Idaho mentre lavora per un'azienda con sede a Seattle o San Francisco, a due o tre ore di volo di distanza. (E pensate quanto è diversa dallo smart working americano la situazione della classe operaia cinese, che ha salvato la produzione industriale in quanto è stata costretta a dormire in fabbrica, in presenza di focolai di Covid-19 e lockdown. Due mondi davvero agli antipodi: la villetta con vista sulle montagne dell'Idaho da una parte, il dormitorio adiacente alla catena di montaggio a Shenzhen...)

Il grande investitore che ha condannato lo smart working parte dalla solida convinzione che la presenza fisica degli esseri umani dentro la sede di un'azienda ha tante ricadute benefiche, favorisce una produttività più elevata, stimola lo scambio di idee, la creatività, crea spirito di squadra, identificazione con la missione aziendale e altre cose utili. Ci sono prove irrefutabili a sostegno di questa tesi. Tuttavia, per quanto sia fondato l'argomento dell'efficienza e della produttività, non basta a convincere i dipendenti che si aggrappano alla nuova conquista: lavorare da casa. Questo crea una rigidità aggiuntiva nella forza lavoro, contribuisce a una scarsità di manodopera già provocata da altri fattori come l'evoluzione demografica o il rallentamento dell'immigrazione. È un vincolo serio per le prospettive di crescita, almeno in alcuni settori.

Ecco perché il megainvestitore ha sfoderato un argomento nuovo, che io definisco politicamente corretto. Ha detto: «Tornate in ufficio se volete vivere in un ambiente ricco di diversità; smettetela di frequentare solo i vostri replicanti». Che cosa significa? In America, già da molti anni è in corso una ridislocazione geografica della popolazione che obbedisce anche a criteri ideologici. Chi la pensa in un certo modo, chi vota in un certo modo, preferisce abitare vicino ai propri simili, a persone che condividono lo stesso sistema di valori. Spinto all'estremo, questo ha portato a configurare quasi delle forme di «apartheid»: a Manhattan o a San Francisco è assai improbabile che il tuo vicino di casa voti repubblicano; in certe zone del Texas o dello Utah i democratici sono una specie in via di estinzione. La mappa elettorale dice che negli ultimi decenni il colore politico si è «scurito», cioè le zone blu (democratiche) sono diventate ancora più blu, le zone rosse (repubblicane) ancora più rosse. Molti americani votano anche con i piedi, cambiano residenza e si spostano in luoghi dove la conversazione con i vicini di casa li fa sentire a loro agio. Il comportamento elettorale si accompagna ad altre attitudini, per esempio è più probabile che chi vota repubblicano vada a messa tutte le domeniche, e che chi vota democratico sia favorevole ai matrimoni gay e ai diritti dei transgender. Chi vota democratico è più favorevole alla spesa pubblica (che comporta tasse maggiori), i repubblicani preferiscono uno Stato minimo, meno burocrazia e meno pressione fiscale: il federalismo fa sì che possano realizzare i propri sogni trasferendosi in uno Stato governato in base alle loro preferenze. La pandemia può avere accelerato questa forma di compattamento «tribale» sul territorio americano.

Il turbocapitalista che ha parlato a Cernobbio si riferiva proprio a questo: se tutti lavorano da casa, avremo un'America ancora più separata, dove ciascuno frequenta i propri replicanti, ovvero «consanguinei ideologici». Tornare in ufficio, invece, significa essere esposti a una maggiore diversità: etnica, sessuale, valoriale. L'argomento è astuto, perché fa leva sul valore positivo che la parola «diversità» riveste nella cultura politicamente corretta. È sincero? In realtà è abbastanza capzioso. Nelle grandi istituzioni finanziarie o nelle mega-aziende digitali c'è davvero «diversità»? Dal punto di vista sessuale o etnico, la situazione sta migliorando, ma la forza lavoro continua ad avere una maggioranza di maschi bianchi. Dal punto di vista ideologico, Wall Street e Big Tech sono il regno del dogmatismo politicamente corretto: adottano l'ambientalismo radicale come religione, la colpevolizzazione dei bianchi, la sacralizzazione di tutte le minoranze, fino alle «quote transgender» nei consigli d'amministrazione (una proposta di legge della California), il neopuritanesimo sessuale nei rapporti tra donne e uomini. La dottrina dominante sugli investimenti Esg è l'apoteosi del politicamente corretto nel mondo della finanza. Dunque, l'argomento usato dal miliardario americano a Villa d'Este è seducente ma ingannevole: in realtà, tornando a lavorare in ufficio i giovani della finanza e del digitale sarebbero più che mai circondati da «replicanti».

La penuria di manodopera è reale, anche se è... culturale. I mercati del lavoro in tutto l'Occidente hanno sofferto per fenomeni di scarsità di forza lavoro, in parte indotti dalla generosità dei sussidi (il reddito di cittadinanza in Italia, gli straripanti aiuti statali in America durante la pandemia), in parte creati da cambiamenti psicologici, valoriali. La questione giovanile unisce questi fenomeni in America e in Italia. Una mia visita a Vicenza mi ha fatto scoprire analogie interessanti fra i distretti industriali più forti del nostro Nordest e la Silicon Valley californiana o altre zone ricche degli Stati Uniti. I giovani, indottrinati da un ambientalismo ultrà che ormai viene insegnato come il catechismo nelle scuole cattoliche di una volta, non vogliono più fare lavori «sporchi». Industria, manifattura non li attirano, anzi li spaventano. Inquinano! Il capitalismo digitale, invece, abbracciando il Vangelo Verde del nostro tempo, ha convinto le nuove generazioni che «salverà il pianeta». Naturalmente è un'impostura, chi va a lavorare da Google o Facebook, da Amazon o Apple, non salverà un bel niente: però il fascino di queste aziende sui giovani è enorme; un'intera generazione in America, come in certe aree d'Europa, sogna solo attività digitali. Questo è un vantaggio competitivo di cui Big Tech si appropria gratis, perché ha un accesso privilegiato ai migliori talenti che escono dalle università, mentre la «vecchia» industria non riesce ad attrarli.

Nel frattempo Big Tech incappa a sua volta nelle turbolenze. La magia della pandemia è finita: Amazon, dopo essere volata nella stratosfera, ricade a terra. Non solo la quotazione di Borsa, anche ricavi e profitti non brillano come negli anni precedenti. Amazon si era allargata troppo, sia in termini di assunzioni che di acquisti di magazzini, con investimenti che sembravano ipotizzare altri cent'anni di pandemia, smart working, boom di acquisti online da lockdown. Nel 2022 ha continuato ad assumere: 150.000 addetti in più solo per le consegne natalizie. Al tempo stesso, con una svolta significativa, ha congelato tutte le assunzioni ai piani medio-alti dell'azienda, quelli dove di solito vanno a lavorare i laureati in informatica che «salveranno il pianeta».

Anche al mercato del lavoro non si addicono previsioni perentorie: il vento gira, le recessioni storicamente hanno ridotto il potere contrattuale dei lavoratori. Però, tornare in ufficio dopo due o tre anni di smart working è un sacrificio che molti tenteranno di non fare mai più. Non solo quelli che hanno lasciato una grande New York, costosa e piena di problemi come la criminalità, o una San Francisco invasa dagli homeless, per comprarsi la villetta nel Connecticut o nell'Idaho e dedicare un tempo maggiore allo yoga, al trekking, ai figli. C'è l'opzione di lasciare Milano per un monolocale con vista mare nel Salento. Il clima, il paesaggio, il costo della vita sono ancora più attraenti. Ci sono tante manifestazioni della scarsità, una è lo sciopero del capitale umano.

Poiché ho fiducia nella creatività umana, voglio immaginare una possibile ricaduta positiva dello smart working sulla demografia. In un mondo dove sia possibile raggiungere un equilibrio migliore tra lavoro e tempo libero, tra attività professionale e attenzione alla famiglia, e dove uomini e donne raggiungano una ripartizione più equa delle incombenze domestiche, forse potrebbe tornare a essere un po' meno oneroso (economicamente e psicologicamente) fare figli. Una rivoluzione nell'organizzazione del lavoro potrebbe così riservarci delle sorprese sul fronte della natalità, smentendo i teoremi dello spopolamento. Resta però un grosso ostacolo culturale. Se le giovani generazioni plagiate dall'ambientalismo apocalittico credono che dietro l'angolo ci sia la fine del mondo, perché mai dovrebbero procreare? Se vogliamo scongiurare l'estinzione, dobbiamo smettere di predicare l'Armageddon.

VIII

L'inflazione e la fine di un'epoca

«Quando arriva la bassa marea si scopre chi stava nuotando senza il costume da bagno.» Questa metafora l'ha usata Warren Buffett, il novantaduenne miliardario di Omaha (Nebraska) che è uno degli uomini più ricchi del mondo e, per il suo acume, è considerato il saggio «nonno» degli investitori americani. Ci siamo: con le banche centrali che alzano i tassi d'interesse e smettono di «stampar moneta» arriva la bassa marea del credito. Questo significa che scopriremo presto chi nascondeva le proprie debolezze quando le condizioni del mercato erano eccezionalmente facili. Gli attori deboli includono famiglie, imprese e intere nazioni ad alto debito. Il cambio di paradigma è già in corso. È finita l'epoca del denaro facile che ha condizionato molti comportamenti e ha attutito parecchi problemi (pur creandone altri). Non solo i tassi d'interesse salgono, ma si ritira quell'esondazione di moneta che ha sommerso l'economia dal 2008 a oggi. Nell'immediato, l'Europa può godersi qualche beneficio: l'euro s'indebolisce, il dollaro è ai massimi storici, visto che sono stati i rendimenti americani i primi a salire; questo è un bene per gli esportatori italiani. Ma l'effetto inverso avviene sul fronte delle importazioni: gas, petrolio e tutte le materie prime sono pagate in dollari, quindi rincarano ancora di più per chi ha degli euro in tasca. Il cambio di paradigma avrà altre conseguenze sull'economia mondiale. Dal debito di una famiglia a quello di un'impresa decotta o dello Stato italiano, molti dovranno fare conti amari con la nuova stagione.

L'alta marea è stata con noi ancora per tutto il 2021 e metà dell'anno successivo. Per certi versi, l'estate del 2022 – con il tutto esaurito per la stagione turistica e l'Italia invasa dagli stranieri che volevano «dimenticare la pandemia» – è stata una specie di festa finale con fuochi d'artificio, prima dell'inversione di tendenza. L'ultimo boom, e non solo per noi. Il Pil americano aveva chiuso il 2021 con un aumento del 5,7 per cento. Una crescita così forte si verificò l'ultima volta nel 1984 durante il primo mandato presidenziale del repubblicano Ronald Reagan. Contemplare quella crescita record nello specchietto retrovisore diventerà ben presto un esercizio di nostalgia. Quel boom post-Covid – che negli Stati Uniti ha consentito di ricreare 20 milioni di posti di lavoro sui 22 distrutti nel 2020 durante la prima fase della pandemia – era figlio di due politiche economiche eccezionali. La politica di bilancio, che ha riversato nell'economia americana 5000 miliardi di spesa pubblica, in gran parte aiuti alle famiglie, anche del ceto medio. E la politica monetaria, che, oltre a mantenere il costo del denaro ai minimi storici, ha pompato liquidità con gli acquisti di bond da parte della banca centrale. La Federal Reserve (abbreviato Fed), che è appunto la banca centrale degli Stati Uniti e la guardiana del dollaro, ha chiuso il 2021 avendo «in pancia» 8000 miliardi di dollari di titoli, in cambio dei quali aveva fornito altrettanta moneta all'economia reale. L'Europa ha imitato, sia pure con meno mezzi e minor vigore, l'esempio americano anche nel 2020-2021: sia nella spesa pubblica anti-Covid sia nel credito facile.

Così siamo stati per quattordici anni le cavie di un esperimento senza precedenti. Da quando ebbe inizio la crisi del 2008, l'America ha reagito con innovazioni inaudite nella sua politica monetaria; poi è stata copiata dal resto del mondo, Bce in testa. La strategia inaugurata da Ben Bernanke, presidente della Fed dal 2006 al 2014, e proseguita dai suoi successori Janet Yellen e Jerome Powell, senza dichiararlo mescolava due dottrine molto eterogenee o addirittura antagoniste: da una parte il monetarismo di Milton Friedman (neoliberista di destra), dall'altra la Modern Monetary Theory, che piace a Bernie Sanders e all'estrema sinistra. La Fed, pur di rianimare un malato grave – l'economia sfiancata del 2008 –, iniziò a usare l'arma monetaria con un vigore senza precedenti, rovesciando liquidità con l'acquisto di bond. Mai le banche centrali avevano «stampato» così tanta moneta, neppure in tempi di guerra. Naturalmente, l'immagine dello stampare è una metafora per semplificare, visto che la moneta si genera ormai virtualmente nei bilanci digitali delle banche.

Nel marzo 2022 il presidente della Fed Jerome Powell ha decretato nei fatti che «la ricreazione è finita» (senza dirlo così, che sarebbe stato di cattivo gusto). La banca centrale più potente del mondo ha cessato di immettere nuova moneta, anzi ha cominciato a sottrarre dal mercato quella che aveva creato nei quattordici anni precedenti. E ha alzato a più riprese il costo del denaro. È la marea che si ritira. Chiunque abbia bisogno di credito lo paga sempre più caro, via via che i tassi si alzano. È il modo in cui la banca centrale spera di domare un'inflazione che ha sfiorato il 10 per cento in tutto l'Occidente nel 2022, il massimo da quarant'anni.

Generazioni di adulti non hanno mai conosciuto né un'inflazione così alta né la «cura monetaria» dei tassi d'interesse in forte risalita che si profila all'orizzonte. Dalla spesa con la carta di credito ai mutui per la casa, alla formula di pagamento rateale per le auto o l'arredamento, tutto costa più caro. Dopo la scarsità delle merci e della manodopera, il capitolo successivo è la scarsità della moneta e del credito; che dovrebbe curare le prime due, ma non certo in maniera indolore.

Se stiamo facendo le prove generali per un remake degli anni Settanta-Ottanta, ricordiamoci che allora la spirale inflazionistica non era solo la conseguenza dello shock energetico, ma traduceva anche un forte conflitto distributivo. Era un periodo di mobilitazioni sindacali, scioperi, lotte sociali. Capitalisti e lavoratori si contendevano la ricchezza nazionale, ciascuno cercava di aumentare la propria quota di Pil. Nel braccio di ferro tra profitti e salari, l'inflazione era il termometro impazzito della tensione rovente. Oggi qualcosa di simile è stato scatenato dalla pandemia, che ha creato scarsità di lavoro e migliorato il potere contrattuale dei dipendenti. La banca centrale interviene sull'inflazione, ma non sappiamo se il finale sarà eguale a quello degli anni Ottanta: allora stravinse il capitale, e con il neoliberismo reaganiano s'inaugurò un'epoca di bassa inflazione e alti profitti.

Prima di occuparmi del presente e del futuro, voglio soffermarmi su quel periodo davvero eccezionale in cui abbiamo vissuto per quattordici anni e che si è chiuso solo poco tempo fa: il mondo a tasso zero. Mentre quell'era anomala scompare rapidamente nel passato, cerchiamo di non dimenticarla e studiamone le lezioni. Che cosa ha significato veramente vivere in un'epoca con interessi molto bassi? Chi ci ha guadagnato, e chi ci ha perso? Il denaro a buon mercato era un bene o un male per il risparmiatore? E per chi lavora? E per il consumatore? A che gioco giocavano le banche, quando ci dicevano che il (nostro) denaro non rendeva più nulla?

Il tasso zero – o un livello di interessi bassissimo – fu uno dei regali avvelenati che ci lasciò la Grande Contrazione, la crisi scoppiata nel 2008 a Wall Street. Per rianimare un'economia americana stremata, nel dicembre 2008 la Fed abbassò i suoi tassi d'interesse fino allo 0 per cento. Quei tassi sono importanti perché regolano i rapporti tra la banca centrale e le banche commerciali con cui abbiamo a che fare noi. I tassi «direttivi» della banca centrale influenzano il livello degli interessi richiesti sul mercato interbancario. Funziona così: quei tassi sono l'interesse che la Fed paga alle banche commerciali quando queste le affidano in custodia dei fondi. Il livello di quell'interesse diventa una guida, una direzione, orienta gli interessi prevalenti sul mercato interbancario, dove le banche si fanno prestiti tra loro. E, di conseguenza, tutto il costo del denaro si muove seguendo l'indicazione della banca centrale. Dai tassi sui conti correnti (ammesso che fruttino qualcosa) fino agli interessi prelevati a chi ottiene un mutuo per la casa, a chi rimborsa le rate sull'automobile, sulla carta di credito.

Dal dicembre 2008, dunque, i tassi americani scesero a un livello incredibilmente basso, sconosciuto nella storia. Seguendo quel che faceva la Fed, calarono pure i rendimenti dei buoni del Tesoro, sempre più giù. I depositi dei risparmiatori in banca, i libretti di risparmio, anche se vincolati, non rendevano quasi niente, spesso proprio niente. La Bce si adeguò alla politica americana, sia pure con incertezze e ritardi che fecero esplodere la crisi dell'Eurozona. La vita «a tasso zero» divenne la nuova realtà del tempo. Le generazioni più giovani, X e Z, fino a ieri hanno conosciuto solo quella. Ricordiamo le implicazioni che ebbe quella situazione eccezionale. Se io deposito i soldi in banca, e la banca non mi versa un interesse annuo, il mio denaro sta perdendo valore? Quando in epoche anteriori c'era stata una remunerazione del mio libretto di risparmio, del mio deposito, del mio denaro investito in Bot e Btp, era anche una compensazione per risarcirmi da un danno: più passava il tempo e più scendeva il potere d'acquisto dei miei soldi. L'interesse rimpinguava il mio capitale per proteggerlo dall'inflazione. Ecco la differenza con un mondo precedente in cui c'era stata l'inflazione alta o persino un'iperinflazione. Che dal 2008 al 2020 è sparita, almeno secondo quel che dicevano le statistiche ufficiali. Questa è la ragione per cui – per gli economisti e i banchieri – il tasso zero non era un vero danno per il risparmiatore. In un mondo senza inflazione, anche se passa il tempo il denaro non perde valore, con la stessa somma il risparmiatore può sempre comprare le stesse cose, perché i prezzi rimangono fermi.

Era proprio vero quel che ci dicevano sull'inflazione? Dal 2008 al 2020 era un leitmotiv di tutte le statistiche: quelle nazionali dell'Istat, quelle europee dell'Eurostat. Anche in America i prezzi salivano pochissimo, sempre in base alle statistiche. Ma siamo tutti diventati sospettosi nei confronti delle informazioni ufficiali. Non è paranoia e dietrologia, qualche ragione per diffidare ce l'abbiamo. Gli italiani, in particolare: alcuni non hanno dimenticato quello shock inflazionistico, misteriosamente assente dalle statistiche, che «arrotondò» molti prezzi al rialzo nel passaggio dalla lira all'euro (1999-2002). Fu un trasferimento di ricchezze: in particolare a danno del lavoro dipendente e dei redditi fissi, e a favore di corporazioni e oligopoli che avevano il potere di imporre i propri prezzi. Il fatto che quel fenomeno, sofferto e denunciato da una parte della popolazione italiana, fu ignorato nelle statistiche, non depone a favore della loro affidabilità. E contribuì a una sfiducia cronica verso i dati che ci vengono dall'alto, verso gli esperti. Il fatto che le istituzioni e gli economisti all'epoca abbiano scrollato le spalle, dicendo che l'arrotondamento e lo shock inflazionistico della transizione lira-euro erano leggende metropolitane, ha contribuito alla sfiducia verso le «caste».

Qualcosa di simile accadde pure negli Stati Uniti. Qui non abbiamo avuto il passaggio all'euro, il dollaro è sempre lo stesso. Anche qui l'inflazione scomparve a lungo nei dati ufficiali. E tuttavia, dietro il disagio sociale e l'insoddisfazione di tanti americani (espressi anche nell'elezione di Donald Trump nel 2016), ci fu un impoverimento strisciante di ampie fasce della popolazione. A impoverire gli americani contribuiva un'inflazione nascosta, non rilevata dalle statistiche. Per esempio, le rette universitarie e i costi della sanità. Il ceto medio di tutto l'Occidente, in Europa come negli Stati Uniti, si sentiva quindi insicuro quando gli si diceva che il suo denaro non rendeva nulla ma conservava valore «perché i prezzi non salgono». Un dato, però, era vero. Durante i quattordici anni del credito abbondante ha continuato a funzionare un calmiere dell'inflazione che era lo «sconto cinese»: nella misura in cui compravamo prodotti made in China, questi esercitavano un controllo sul carovita perché i loro prezzi rimanevano bassi. Salvo pagare lo sconto cinese con le delocalizzazioni e l'impoverimento della nostra classe operaia.

L'angoscia del risparmiatore durante quel periodo si aggravava pensando alla vecchiaia. L'aumento della longevità è un'ottima cosa, ma significa che avremo bisogno più a lungo di mantenerci, di spendere per cure mediche, magari per un'assistenza a domicilio. È una ragione per avere un cuscinetto di risparmio. Inoltre, da tempo i nonni sono la cassaforte dei nipoti: il miglior welfare in Italia è sempre stato il trasferimento intergenerazionale. Un tempo i pensionati potevano contare sugli interessi dei libretti di risparmio, dei titoli pubblici. Nell'era del risparmio zero il risparmio si rivalutava poco, o per niente.

Un altro automatismo perverso e inevitabile dell'epoca del tasso zero è stato questo: lo Stato italiano non ha potuto ridurre i suoi debiti, in assenza di una vigorosa inflazione che alleggerisse il loro valore reale. Questo problema è stato nascosto dalle politiche della Bce sotto la direzione di Mario Draghi, poi da quelle di Christine Lagarde durante la pandemia: la banca centrale di Francoforte ha stampato moneta per comprare (anche) titoli del Tesoro italiano; suo malgrado, ha allentato la disciplina esterna sui governanti italiani, ha consentito che il debito pubblico continuasse a crescere inesorabilmente, ma senza conseguenze drammatiche. Finora.

Oggi che il mondo è entrato in una stagione ben diversa, non dobbiamo dimenticare un'accusa rivolta alle banche centrali durante il Bengodi del credito facile: la loro politica del tasso zero e, ancora di più, quella creazione di liquidità che è stata chiamata *quantitative easing* (stampar moneta per comprare bond) hanno contribuito alle diseguaglianze sociali. Hanno arricchito gli straricchi, quell'1 per cento della popolazione che ha più mezzi da investire in attivi patrimoniali. Il periodo dei tassi zero ha visto gli indici di Borsa volare ai loro massimi. Il credito facile consentiva di ingrassare i profitti delle imprese, di finanziare le acquisizioni in Borsa, comprese quelle di «azioni proprie» che sono operazioni volte ad arricchire gli investitori.

Rammentare tutti gli svantaggi dei quattordici anni di «tassi zero» non autorizza la nostalgia per i tempi dell'inflazione galoppante. Ricordo l'Italia degli anni Settanta, quando certi tassi d'interesse sui titoli di Stato, o sui mutui per la casa, viaggiavano oltre il 15 per cento e, talvolta, sfioravano il 20. I prezzi salivano a una velocità spaventosa. In teoria, i salari e le pensioni li rincorrevano, grazie alla scala mobile (o contingenza) e altri meccanismi d'indicizzazione. In pratica, però, la velocità dell'inflazione era tale che il recupero di potere d'acquisto per lavoratori dipendenti e pensionati non era mai totale. Un risparmiatore si sentiva «ricco» con quei rendimenti dei Bot, ma era un'illusione monetaria, visto che la lira si svalutava e i beni reali diventavano sempre più cari. I pericoli dell'inflazione sono abbastanza evidenti a noi; a maggior ragione lo sono per i tedeschi che si tramandano la memoria storica della Repubblica di Weimar, quando per comprare il pane occorrevano pacchi di banconote; non parliamo dei brasiliani o degli argentini, che hanno conosciuto anche recentemente lunghi periodi d'iperinflazione.

L'inflazione record è rivelatrice di questo: oggi viviamo nell'era della scarsità. Dopo la scarsità di beni, che ha già cominciato a risolversi alla fine del 2022, sopraggiunge la scarsità di moneta. La novità sancisce anche un nuovo fallimento degli economisti. La stragrande maggioranza degli esperti – pubblici e privati, impiegati nel mondo della finanza o nei governi o nell'accademia – non ha visto arrivare la più importante svolta economica degli ultimi anni, il passaggio a un periodo di penurie generalizzate e forti rialzi dei prezzi. Il fiasco degli economisti è gravido di conseguenze negative, perché ha spinto banche centrali e governi ad azioni che hanno aggravato l'inflazione anziché prevenirla. Non è la prima volta che la professione dell'economista esce malconcia dal test della realtà, anzi gli ultimi anni sono un susseguirsi di casi simili: non seppero prevedere il 2008, sbagliarono ricette sull'Eurozona, previdero apocalissi mai avvenute subito dopo la Brexit e i dazi di Trump.

Le eccezioni esistono, ma sono esigue. Larry Summers (ex segretario al Tesoro Usa) e Olivier Blanchard (ex chief economist del Fondo monetario internazionale) furono tra i pochi a lanciare l'allarme inflazione all'inizio del 2021. Inascoltati, perché la maggior parte dei loro colleghi era del parere opposto: l'inflazione sarebbe stata una fiammata breve, una conseguenza del tutto temporanea della pandemia. E tuttora gli economisti sono incapaci di spiegare l'allineamento dell'inflazione europea su quella americana, identiche malgrado le condizioni diverse delle rispettive economie.

Il fatto che la schiacciante maggioranza degli economisti fosse «dalla parte sbagliata» delle previsioni spiega perché l'economia più ricca del pianeta e la banca centrale più potente hanno gettato benzina sul fuoco dell'inflazione quando c'erano già tutte le condizioni per l'esplosione dell'incendio. Convinti che l'America e il mondo fossero sull'orlo del baratro per colpa della pandemia, cioè in una situazione molto simile al cataclisma finanziario del 2008, due governi americani (le amministrazioni Trump e Biden) e la Fed hanno esagerato nel loro sostegno alla domanda. Trump, nel 2020, ha firmato due manovre di spesa pubblica da 3000 miliardi di dollari. Appena insediatosi alla Casa Bianca nel gennaio 2021, il suo successore ne ha varato una terza da 1900 miliardi, sordo agli appelli di Summers che la considerava irresponsabile: infatti l'economia Usa era già ripartita alla grande, il reddito delle famiglie stava recuperando velocemente e la disoccupazione veniva riassorbita a ritmi sostenuti.

Forse, in parte, i democratici hanno voluto ignorare il pericolo inflazione perché questo assecondava un'agenda politica: la paura di un disastro economico creava condizioni ideali per lanciare un vasto programma di aiuti alle famiglie, spese sociali e assistenziali. Era il Biden-Roosevelt, il presidente sognava di essere il continuatore del New Deal di novant'anni prima. Del resto, l'inondazione di potere d'acquisto creata dalle tre manovre pari a circa 5000 miliardi, insieme al blocco dell'immigrazione, ha effettivamente rafforzato il potere contrattuale dei lavoratori americani, che hanno incassato aumenti salariali record.

Se la sinistra americana poteva ignorare il pericolo inflazione per una deliberata scelta ideologica, meno giustificabile fu l'errore di previsione della Fed: ancora nel novembre 2021 la banca centrale statunitense era impegnata a creare liquidità acquistando titoli del Tesoro e obbligazioni legate ai mutui, al ritmo di 120 miliardi al mese. Altra benzina sul fuoco dell'inflazione.

Certo, nessuno aveva previsto l'invasione dell'Ucraina da parte di Vladimir Putin, scattata il 24 febbraio 2022 (anche se ci sarebbe da discutere pure su questa «sorpresa», rispetto a un evento premeditato dal 2014). Ma scarsità e inflazione non sono conseguenze della guerra, almeno non soltanto. L'aggressione all'Ucraina ha aggravato temporaneamente le penurie in certi settori – energia, derrate alimentari, alcuni minerali e metalli – ma i problemi di approvvigionamento erano presenti già prima.

L'Europa ha speso meno per aiutare i suoi cittadini durante la pandemia, non ha creato dunque quell'eccesso di domanda che è stato generato da Trump-Biden, eppure si ritrova con un carovita identico.

Ecco un elenco dettagliato (e problematico) delle scarsità con cui è stata spiegata l'inflazione del 2021-2022.

Primo. Una riduzione della manodopera disponibile, provocata dal Covid, da pensionamenti anticipati, dalla didattica a distanza: quest'ultima ha penalizzato in particolare la partecipazione delle donne al mercato del lavoro.

Secondo. Chiusure forzate o fallimenti di aziende durante la pandemia, non completamente riaperte o rinate nel periodo della ripresa.

Terzo. Blocchi più o meno temporanei delle forniture dovute alla pandemia, con tutti gli effetti a catena su logistica e trasporto.

Quarto. Difficoltà di reperimento e aumento dei prezzi delle materie prime (energia, derrate alimentari, minerali, metalli), preesistenti alla guerra in Ucraina e poi accentuati da quel conflitto.

Quinto. Durante la pandemia, «rotazione» della domanda di consumo che, non potendo acquistare certi servizi, si è riconvertita sull'acquisto di beni, ha oberato le capacità produttive dell'industria, ha contribuito a sua volta alle strozzature nell'offerta e al rincaro delle materie prime.

Sesto. Calo di credibilità delle banche centrali riguardo alla loro vigilanza contro l'inflazione.

Questi sei fattori intervengono in vari modi dal lato dell'offerta, cioè della produzione di cose e servizi. Un'offerta insufficiente è la definizione stessa della scarsità.

Poi c'è una scarsità relativa. Cioè in proporzione alla domanda di beni e di servizi. Qui interviene l'altra spiegazione del periodo che stiamo attraversando. Per effetto principalmente di due cause – le manovre di spesa pubblica in aiuto ai cittadini durante la pandemia e il credito facile da parte delle banche centrali –, i paesi ricchi hanno goduto di fenomeni di abbondanza. Il sovrappiù di redditi, la tanta moneta creata dalle banche centrali, si è riversato su un'economia che per le cause di cui sopra non riusciva a tenere il passo della domanda. Scarsità relativa, quindi, perché il nostro potere d'acquisto cresceva più velocemente della nostra capacità di produrre.

C'è un «grosso, sporco segreto» che ci impedirà di venire a capo dell'inflazione? Se c'è, si chiama debito. L'inflazione ne riduce il valore reale, quindi c'è una lobby potentissima che ha un inconfessabile interesse a non stroncare gli aumenti dei prezzi: i grandi debitori del pianeta, a cominciare dagli Stati.

Nonostante i rialzi del 2022, i tassi d'interesse rimangono in larga parte negativi in senso «reale», cioè inferiori all'inflazione. Se il mio denaro rende il 4 per cento, oggi sembra tanto, dopo anni di tassi molto inferiori; ma se nel frattempo il costo della vita rincara del 10 per cento, allora quel 4 per cento d'interesse non tutela il potere d'acquisto del mio risparmio, in questo senso ricevo un rendimento negativo.

Per esempio, a metà 2022 negli Stati Uniti i buoni del Tesoro a breve termine (biennali) davano un rendimento di circa il 3,5 per cento. Questi interessi, pagati dal Tesoro di Washington agli investitori, andavano paragonati con un tasso d'inflazione che in quel momento era al 9 per cento annuo. Dunque, nonostante i recenti aumenti dei tassi, il tasso reale, cioè il rendimento al netto dell'inflazione, rimaneva negativo. Il concetto di tasso reale non è teorico, ha conseguenze pratiche importanti. Significa, per esempio, che molti pensionati o futuri pensionati stanno diventando più poveri se hanno investito i risparmi in titoli del Tesoro: quando verranno a scadenza, il loro capitale si sarà svalutato.

Un rendimento negativo genera, a livello macroeconomico, un trasferimento di ricchezza dai creditori ai debitori. E sappiamo che tra i più grandi debitori ci sono gli Stati. Dunque, malgrado il rincaro del costo del denaro, i governi stanno alleggerendo il peso dei loro debiti con l'inflazione. È un meccanismo classico che ha operato in altri periodi storici: l'inflazione diminuisce il peso reale dei debiti, pubblici e privati.

La «stretta» monetaria in atto è in realtà poco restrittiva, almeno nella sua fase iniziale, se paragonata a quello che le banche centrali fecero negli anni Ottanta per venire a capo dell'inflazione divampata a partire dai due shock petroliferi degli anni Settanta. Negli anni Ottanta, guidati dal presidente della Fed Paul Volcker, i banchieri centrali riuscirono a ripristinare dei rendimenti reali positivi. Forse le banche centrali non saranno così determinate oggi come lo furono allora e rinunceranno ad aumentare i tassi fino al livello che Volcker avrebbe considerato adeguato per stroncare l'inflazione. I banchieri centrali di oggi «si spaventeranno prima»? Vuoi per le conseguenze sociali di una stretta che porterebbe a un pesante ritorno della disoccupazione, vuoi perché viviamo in un mondo con troppo debito, e troppo debito sovrano: gli Stati hanno un enorme interesse a lasciar correre l'inflazione per ridurre il peso dei propri debiti; mentre un aumento eccessivamente sostenuto dei tassi renderebbe più probabili delle bancarotte sovrane. Anche l'Italia entrerebbe in una fase di grande fragilità, visto il suo livello di debito pubblico.

Se queste ipotesi sono vere, allora vivremo a lungo con un'inflazione più alta rispetto a quella a cui ci eravamo abituati negli ultimi quarant'anni. Oltre all'interesse dei governi a imporre la tassa occulta dell'inflazione sui risparmiatori, tre fattori strutturali si aggiungono nel favorire uno scenario di inflazione prolungata. Il primo fattore è il progetto ormai avviato di un divorzio Usa-Cina, cioè di rilocalizzazione industriale nei paesi geopoliticamente alleati, o amici, o affini all'Occidente. Quand'anche il divorzio dovesse essere solo parziale (com'è realistico), comporterebbe probabilmente degli aumenti nei costi di produzione. Il secondo fattore sono i limiti all'immigrazione, che migliorano il potere contrattuale dei lavoratori nei paesi ricchi, e quindi contribuiscono ad aumentare i salari. Biden, su questo terreno, ha scelto la continuità con Trump, e perciò le restrizioni ai flussi migratori continuano a dare una spinta alle retribuzioni dei lavoratori americani. Il terzo fattore sono le politiche energetiche legate al cambiamento climatico, anch'esse in genere inflazionistiche perché richiedono nuovi investimenti che non danno benefici immediati (si pensi al rilancio indispensabile del nucleare, o alla costruzione di reti distributive per le auto elettriche).

Sia che le banche centrali tollerino più inflazione del dovuto per evitare catene di bancarotte private e statali, sia che vogliano mostrarsi implacabili, siamo comunque entrati in un'epoca di tassi in salita. Perciò il nostro Generale Inverno si chiama «recessione». Nella storia, il Generale Inverno fu determinante per salvare i russi da invasioni e sconfitte: contro Napoleone e contro Hitler, le durezze estreme della stagione fredda furono decisive per la sconfitta degli invasori ancor più dell'accanita resistenza dei difensori. Anche Vladimir Putin spera nel suo Generale Inverno. Non tanto sul terreno militare, quanto su quello economico: è con il freddo che lui spera di vedersi sgretolare l'unità europea sulle sanzioni. Fa i conti senza gli effetti di una recessione, sempre più probabile secondo i maggiori osservatori, incluso il Fondo monetario internazionale. Una recessione impoverisce tutti, taglia i consumi e la produzione, quindi ridurrà anche l'uso di energia e, alla fine, farà scendere i prezzi dell'energia stessa. Il nostro Generale Inverno, se giocherà il ruolo di alleato contro la Russia, sarà però un alleato esigente e severo. Il costo lo pagheremo tutti.

Una causa determinante per l'arrivo del nostro Generale Inverno è la stretta del costo del denaro operata dalle banche centrali, con in testa la Fed. Il credito è l'ossigeno per la crescita economica, il rialzo dei tassi d'interesse lo raziona.

La terapia delle banche fa tante vittime collaterali. La durezza di questo Generale Inverno, che è la recessione, si abbatte sui lavoratori e sulle nazioni povere. La frenata dell'economia deprime l'attività delle imprese, e quindi le assunzioni; congela gli aumenti salariali e penalizza il potere d'acquisto. A livello mondiale, l'effetto si trasmette in buona parte attraverso il superdollaro. Poiché la Fed è la leader nella stretta monetaria, l'aumento dei rendimenti americani rafforza la moneta di quel paese, tanto più in quanto il dollaro è un bene-rifugio nelle crisi geopolitiche. I paesi poveri sono indebitati in dollari, e questo rende ancora più pesante rimborsare quei debiti. Inoltre, il dollaro è la moneta più usata negli scambi internazionali. I paesi poveri che non producono materie prime, bensì le importano, sono costretti a pagare quelle importazioni (per esempio, alimentari) in una moneta che costa di più.

L'ultima volta che il mondo dovette combattere un'inflazione così dirompente vinsero le banche centrali. La seconda metà degli anni Ottanta vide una ripresa economica robusta in molti paesi, Italia inclusa. Però, per arrivare al prossimo capitolo, bisogna domare l'inflazione, e il Generale Inverno esige il suo tributo di sacrifici e di dolori.

È già cominciata una controffensiva che tende a dire alle banche centrali: fermatevi, non infierite su di noi, avete già fatto fin troppo, ora basta. Un esempio di questa controffensiva lo offre l'economista statunitense Paul Krugman, premio Nobel e opinionista del «New York Times». Krugman è un keynesiano di sinistra e fin dall'estate 2022 sosteneva che l'inflazione stava perdendo vigore, grazie al rallentamento economico in atto. Dietro questi argomenti s'intravede una posizione ideologica. Krugman pensa che la recessione farà male soprattutto ai lavoratori dipendenti. Secondo lui, per abbattere l'inflazione la Fed farà aumentare la disoccupazione e quindi la povertà. Una politica monetaria più espansiva sarebbe più attenta alle esigenze sociali, più di sinistra.

L'argomento di Krugman può essere rovesciato. La sinistra è stata favorevole alle politiche monetarie ultraespansive adottate dopo la crisi del 2008: tassi d'interesse a quota zero e gigantesca creazione di liquidità. L'entità di quelle manovre ha aggiunto almeno 9000 miliardi di dollari al bilancio della Fed, il che significa grosso modo che il potere d'acquisto degli americani è stato arricchito quasi altrettanto. Una conseguenza vistosa fu l'arricchimento dei più ricchi, perché la grande liquidità a tasso zero fece salire fino alle stelle il valore delle azioni in Borsa. Uno dei meccanismi fu il *buy-back*: alle società quotate conveniva indebitarsi a costo irrisorio, comprare le proprie azioni in Borsa e distribuirle agli azionisti rendendoli sempre più ricchi. In questo senso la politica monetaria ultraespansiva di quei quattordici anni non ha avuto un segno «di sinistra», al contrario ha operato una redistribuzione in favore dei capitalisti. Dunque, rimpiangere la politica monetaria del periodo 2008-2021, auspicare un ritorno al denaro facile, esortare le banche centrali a deporre anzitempo le armi contro l'inflazione, non è per forza ciò che richiede l'interesse dei ceti medio-bassi.

Un piede schiaccia l'acceleratore, l'altro è premuto sul pedale del freno. Questa immagine descrive le politiche economiche dell'Occidente sulla soglia della nuova epoca storica segnata dalla scarsità di moneta e dal costo elevato del credito. A schiacciare il freno sono le banche centrali, come abbiamo visto: la loro azione tende a placare l'inflazione fermando la crescita economica e il consumo. Per contro, i governi continuano a praticare politiche di bilancio di segno opposto. Passata, o quasi, la pandemia, una nuova ragione per allargare i deficit pubblici è la crisi energetica. Tutti cercano di attutire i danni che le sanzioni o controsanzioni infliggono alle famiglie e alle imprese. Persino la Germania ha detto addio al rigore di bilancio, con la manovra da 200 miliardi del settembre 2022 per compensare il caro-bollette. Germania e Francia hanno nazionalizzato due grandi utility energetiche (Uniper, Edf), a spese del contribuente. Il Regno Unito ha varato un bilancio così spendaccione che è crollata la sterlina. L'Italia, ancor prima che uscisse di scena il governo Draghi, aveva già speso il 3 per cento del suo Pil per aiuti a famiglie e imprese contro il caro-energia: meno della Germania, in proporzione al Pil, ma pur sempre una spesa pubblica sostanziosa. Tutti questi esborsi dei governi dell'Unione vanno ad aggiungersi ai 750 miliardi già previsti dal Recovery Plan o Next Generation EU.

Ma persino negli Stati Uniti, che pure hanno risentito dello shock energetico in maniera un po' meno pesante dell'Europa, il deficit pubblico ha ripreso a galoppare. Una delle misure più «spendaccione» di Biden è stato il condono dei debiti contratti dagli studenti per pagarsi l'università: 400 miliardi di dollari a carico del contribuente. Deciso alla vigilia delle elezioni legislative di mid-term del novembre 2022, quel provvedimento è stato un tipico caso di «voto di scambio» per conquistare i consensi delle generazioni X e Z. È un trasferimento di risorse dalle classi lavoratrici che pagano le tasse ma non mandano i figli all'università a favore dei ceti medi con laurea. È un incentivo implicito per l'avidità delle università, la cui corsa al rialzo delle rette viene assecondata da una pioggia di denaro pubblico. Ha comunque messo l'amministrazione Biden nella stessa categoria dei governi europei, impegnati a spendere di più proprio quando le banche centrali stanno cercando di diminuire il potere d'acquisto in circolazione.

L'insieme dei paesi occidentali, tra pandemia e guerra in Ucraina, ha speso il 10 per cento del Pil per trasferimenti a famiglie e imprese, più un altro 6 per cento per crediti agevolati anticrisi. L'interrogativo è questo: i governi stanno praticando clemenza e giustizia sociale perché con la recessione in arrivo usano i bilanci pubblici per attutire il danno su tutti noi? Oppure stanno intralciando l'azione intrapresa dalle banche centrali per domare l'inflazione, e dunque i deficit pubblici aggiuntivi otterranno come unico risultato di costringere la Fed e la Bce a rialzi dei tassi ancora più forti e prolungati? Con un piede sull'acceleratore e uno sul freno, chi la spunterà?

Lo scenario va allargato oltre l'America e l'Europa. La prima banca centrale ad alzare i suoi tassi, anticipando perfino la Fed, fu quella del Brasile nell'estate 2021. Dopo la Fed, ben trentatré banche centrali si sono accodate, non potendo fare diversamente. Lo storico britannico dell'economia Adam Tooze osserva che neppure negli anni Ottanta la stretta monetaria coinvolse così tante banche centrali. Tale è la centralità del dollaro: se i suoi rendimenti aumentano, gli altri paesi devono adeguare i propri. Se non lo fanno, si espongono a fughe di capitali, svalutazioni monetarie. E i loro debiti in dollari diventano insostenibili fino a rischiare la bancarotta sovrana.

Viviamo in un mondo ancora dominato dal dollaro, benché questo non piaccia né a Putin né a Xi Jinping. La Cina ha provato a sganciarsi dal traino della Fed e nel 2022 ha seguito una strada diversa, abbassando i tassi per tentare di contrastare la brutale frenata della propria economia. Ma questa divergenza cinese ha dei costi: emorragia di riserve valutarie, cioè fughe di capitali, nonché rincaro ulteriore di quelle materie prime che Pechino deve continuare a pagare, soprattutto in dollari. La Cina è comunque un gigante, la seconda economia mondiale dietro quella americana, e grazie alle sue esportazioni ha una bilancia dei pagamenti in attivo. La stragrande maggioranza dei paesi sono più deboli.

Il mondo si divide in due e la discriminante è il dollaro. Quei paesi emergenti che esportano materie prime, come l'Arabia Saudita, incassano dollari e accumulano crediti in dollari, quindi sono dalla parte dei vincitori. La maggioranza dei paesi poveri, invece, si trova dall'altra parte della barricata: loro, i dollari, se li devono procurare per pagare le importazioni; e hanno vecchi debiti in dollari da rimborsare con una moneta sempre più pesante. D'altronde, quei paesi in passato hanno approfittato del ruolo della Fed come «prestatore di ultima istanza» e hanno fatto incetta di investimenti in dollari quando non costavano niente. Secondo Tooze, stiamo per assistere alla «prima deflazione veramente globale», perché, muovendosi quasi tutte all'unisono per rialzare i tassi, le banche centrali addizionano e potenziano gli effetti della frenata. Non a caso, sottolinea, questa deflazione globale coincide anche con una crisi geopolitica della globalizzazione, la revisione del rapporto centrale Usa-Cina, con tutte le sue conseguenze.

La stessa salute finanziaria degli Stati Uniti viene messa in discussione da chi osserva che il debito pubblico americano ha superato il 100 per cento del Pil per la prima volta nella storia. Dal 2007 al 2022 i buoni del Tesoro statunitense in circolazione sono triplicati. L'America ha però un privilegio imperiale unico al mondo. Può indebitarsi nella propria moneta, può stamparla praticamente senza limiti, perché sa che tutti gli altri paesi la accettano come mezzo di pagamento e come bene-rifugio. Questo scudo invincibile non vale per il settore privato, però: i debiti delle imprese Usa in un decennio sono saliti dal 40 al 50 per cento del Pil. Anche per i risparmiatori la stretta delle banche centrali sui tassi ha un rovescio della medaglia: nell'attesa che i rendimenti arrivino a compensare finalmente l'inflazione che impoverisce il potere d'acquisto, si svaluta subito il capitale di vecchi titoli a reddito fisso accumulato da anni nei fondi pensione e nei fondi d'investimento. È una regola aritmetica implacabile: quando salgono i rendimenti dei nuovi titoli, scende il valore di quelli vecchi, che costituiscono una grossa parte del portafoglio del risparmiatore. Dove si conferma che l'inflazione, in modo indiretto o per la «cura» monetaria che scatena, è una tassa sul risparmio, particolarmente severa in una società che invecchia.

Con la moneta che diventa meno abbondante, con il costo del denaro che ora si arrampica su una curva ripida, è il momento in cui vedremo chi stava nuotando senza il costume da bagno. Nazioni, aziende, cittadini: per chi ha debiti comincia una storia tutta diversa.

Conclusione

Per la quarta volta in quattordici anni sentiamo decretare: la globalizzazione è finita. In ciascuna delle occasioni precedenti c'erano ottime ragioni per crederci, ma la previsione non si è avverata. Sarà questa la volta buona? Il lungo inverno segnato da guerra, inflazione, recessione chiude per sempre un capitolo della nostra storia? Il nostro mondo si farà più piccolo, blindato, segnato da nuove cortine di ferro o linee rosse che separano amici e nemici? Oppure la profezia è destinata a essere smentita come nei casi precedenti?

Ricapitoliamo. La prima volta fu dopo la crisi sistemica della finanza, scatenata nel 2007-2008 da una serie di concause: già allora ci fu un'iperinflazione delle materie prime dovuta alla domanda cinese, più lo schianto dei mutui subprime a Wall Street, più diversi squilibri insostenibili nel sistema bancario europeo. Lo shock fu davvero forte, scoppiò la più grave recessione globale dal dopoguerra. Poco dopo l'Eurozona si fabbricò in casa un prolungamento di quella crisi, infliggendosi un'austerity di bilancio disastrosa perché intempestiva, e creando dubbi sulla solvibilità dei «Piigs» (Portogallo Italia Irlanda Grecia Spagna), con conseguenze funeste. Il trauma del 2008 fu tale che nacquero spinte politiche divaricanti: negli Stati Uniti vi affondano le radici sia la protesta di matrice socialista di Occupy Wall Street sia quella conservatrice e anti-Stato del Tea Party, movimenti di radicalizzazione a sinistra e a destra che destabilizzano tuttora il sistema politico. La Brexit inglese e Donald Trump sono figli di quello shock.

Il 2008, infatti, precipita una brutale disillusione sugli effetti della globalizzazione: ampie fasce di elettorato popolare si convincono di essere state rovinate dalle élite. L'ideologia globalista comincia a perdere quota, chi predica i benefici delle frontiere aperte (ai movimenti di beni e servizi, ai capitali, alle migrazioni) viene considerato un impostore al servizio dell'establishment. Il colpo alla globalizzazione in quel momento è reale, si osserva un rallentamento nella crescita degli scambi internazionali, dopo decenni di boom. Ma non scatta un cambio di paradigma. Anche perché, nel disastro del 2008, spicca una grande assenza: la Cina non ha avuto una recessione, si è salvata manovrando le leve della spesa pubblica, il suo capitalismo di Stato ha superato la prova. Al punto che nasce in quel momento a Pechino una dottrina sulla superiorità del sistema cinese, e la stella di Xi Jinping comincia la sua ascesa nel firmamento della politica. Ma oltre a convincersi di essere superiore all'America, la Cina resta attaccata al suo ruolo di fabbrica del pianeta, ha bisogno di sbocchi globali per i suoi prodotti e sempre più per i suoi investimenti. La globalizzazione si salva anche perché c'è un chiaro interesse di Pechino a salvarla, d'intesa con l'establishment capitalistico americano.

La seconda morte annunciata della globalizzazione avviene con la doppietta Brexit-Trump nel 2016. Il Regno Unito, con la sua uscita, amputa l'Unione europea, che è il più vasto esperimento di mercato unico. In America, alla Casa Bianca arriva Trump, un sovranista che predica il protezionismo e ben presto lo applica. I dazi americani sui prodotti cinesi – e su qualche prodotto europeo o canadese – cominciano a salire già dal 2017-2018. La maggior parte degli economisti, che sembrano diventati una setta religiosa di millenaristi, seguaci delle profezie sulla fine del mondo, prevedono catastrofi. Vengono smentiti ancora una volta. Sotto la presidenza Trump l'economia Usa accelera la propria crescita e si avvicina alla piena occupazione. I dazi non fanno neppure rinascere l'inflazione, il che consente alla Fed di mantenere un costo del denaro eccezionalmente basso. La globalizzazione viene malmenata ideologicamente dal trumpismo, ma non accadono veri sconvolgimenti economici.

La terza morte della globalizzazione viene preannunciata con la pandemia. Il coro degli apocalittici è ancora una volta fragoroso e quasi unanime. Di nuovo le previsioni della maggioranza degli economisti falliscono. La recessione da pandemia si rivela corta, i suoi effetti sull'occupazione sono violenti ma di breve durata, perché vengono curati con iniezioni di spesa pubblica e liquidità monetaria senza precedenti. Certo, la pandemia crea strozzature, penurie, blocchi nella catena produttiva e logistica di molte merci. Stavolta sì, l'inflazione s'incendia. Però la crescente diffidenza verso la Cina, che rafforza le ragioni per riportare vicino a casa propria le produzioni di tanti beni essenziali, non provoca un cambio sistemico che sia immediatamente percepibile. Il 2021 si conclude con un record storico assoluto nell'attivo commerciale cinese verso il resto del mondo. La globalizzazione ha il fiato grosso, ma i capitali e le merci viaggiano sempre, e quelle made in China restano appetite più che mai.

La quarta e ultima profezia dell'Apocalisse arriva con la guerra di Putin contro l'Ucraina, le sanzioni occidentali contro di lui e le contro-sanzioni di Mosca, che sferrano contro l'Europa la mazzata della scarsità energetica. Per quanto la Russia abbia una piccola economia, con un Pil inferiore a quello italiano, tuttavia il suo ruolo è sostanziale su alcuni mercati: energia fossile, cereali, metalli per usi industriali. Con un cordone sanitario severo che strangola l'economia russa, anche i paesi occidentali subiscono danni pesanti. La quarta morte presunta della globalizzazione sarà reale?

In alcune parti del mondo la globalizzazione sembra viva e vegeta. Gli Emirati Arabi sono un osservatorio particolare, un luogo dove le tempeste globali non hanno intaccato l'ottimismo. Tra Dubai e Abu Dhabi un'altra idea di Oriente avanza lungo un asse che unisce il Sudest asiatico (con nazioni musulmane come l'Indonesia e la Malaysia), l'oceano Indiano, il Golfo arabico-persico, fino a lambire le coste del Corno d'Africa e del Mediterraneo meridionale. Entro un raggio di cinque ore di volo dal Golfo vivono 3 miliardi di persone, con un'età media di 26 anni e una natalità ancora dinamica. Economia e demografia riportano in primo piano quell'idea di Oriente che, per noi europei, fu identificato per molto tempo con l'Islam. Lungo quelle coste i mercanti cinesi trafficavano già ben oltre duemila anni fa.

La sensazione che ricavo da un viaggio in quella parte del mondo è che nuove forme di globalizzazione, con altri attori protagonisti, diversi sistemi di regole, prendono forma a nostra insaputa. È possibile, forse persino probabile, che le nostre imprese multinazionali debbano restringere i loro orizzonti, entrare in una logica di blocchi contrapposti, accettare criteri di sicurezza geopolitica che impongono di arretrare, cancellare dalle proprie mappe geografiche la Russia e qualche suo alleato.

Se mettiamo in fila i quattro shock in quattordici anni, dal 2008 a oggi, come minimo possiamo dichiarare defunta l'ideologia del globalismo, quella dell'Uomo di Davos. Però ricordiamoci che le Vie della Seta, già capaci di collegare l'Estremo Oriente al Mediterraneo tremila anni fa, sopravvissero a shock davvero epocali come la caduta dell'impero romano o l'avvento dell'Islam. Sopravvissero adattandosi: l'Europa dell'alto Medioevo precipitò per secoli in una povertà che deprimeva gli scambi, ma altrove fiorivano l'impero romano d'Oriente e altre realtà geopolitiche. Scambi commerciali, flussi finanziari, relazioni politiche sono come fiumi carsici, che possono scomparire a lungo nel sottosuolo per poi sgorgare altrove, dove non te l'aspetti.

Friend-shoring è il neologismo del 2022. Lo ha lanciato la segretaria al Tesoro americano, Janet Yellen. Riduciamo i confini dell'economia globale alle nazioni amiche, quelle di cui ci possiamo fidare. L'obiettivo è ambizioso. Ma è possibile? Sta già accadendo? In che misura? Il termine viene usato in contrapposizione al più antico e consueto *off-shoring*, che designa le delocalizzazioni: investimenti che trasferiscono all'estero fabbriche e altre capacità produttive. Il contrario di *off-shoring* sarebbe *on-shoring*, che significa riportare in patria attività in precedenza delocalizzate. *Friend-shoring* indica qualcosa di diverso: reindirizzare le fabbriche delocalizzate in paesi amici. È un tema forte, di cui si discute da tempo, non solo per effetto della guerra in Ucraina. Certo, le sanzioni economiche adottate dall'Occidente contro la Russia e le contro-sanzioni di Putin sul gas hanno reso ancora più evidenti i costi elevati della dipendenza da fonti energetiche sotto il controllo di potenze ostili e aggressive.

Anziché smontare l'intero edificio della globalizzazione, la Yellen indica un obiettivo più circoscritto: ridimensionare la geografia dei paesi con cui abbiamo stretti rapporti economici, selezionando quelli che condividono i nostri valori. Nel lungo periodo, questo significherebbe ridurre a zero le relazioni tra l'Occidente e la Russia, e sottoporre a una cura dimagrante anche quelle con la Cina.

Un problema sono i costi: le delocalizzazioni hanno una logica economica dominata dalla ricerca di costi del lavoro inferiori, nonché da normative ambientali meno rigide. Reindirizzare le produzioni in paesi amici può non alterare i costi se dalla Cina si sposta una fabbrica in Vietnam. Se invece l'attività torna in un paese occidentale, allora *friend-shoring* significherà pagare tutto più caro, diventerà un motore d'inflazione aggiuntivo.

Un altro problema sono gli investimenti necessari per ricostruire attività produttive scomparse dai nostri territori, i tempi necessari per creare nuove fabbriche, la formazione di forza lavoro adeguata.

Re-shoring o *friend-shoring*: a quali costi, dunque, salariali e ambientali? L'impatto ambientale è decisivo. Per anni abbiamo finto una transizione verde che era un'impostura: ci illudevamo di salvare il pianeta spostandoci su auto elettriche, perché la parte sporca e inquinante della produzione di quelle vetture (l'estrazione e la lavorazione di minerali rari, la fabbricazione delle batterie) avveniva in Cina o in aziende cinesi dislocate dalla Birmania al Cile. Ora che la sicurezza geopolitica dovrebbe imporci di riportare molte di queste attività in casa nostra ci scontreremo con normative ambientali e paesaggistiche paralizzanti. Se, in Italia, per una nave rigassificatrice a Piombino è intervenuta perfino la sovrintendenza che voleva dettarne il colore, immaginiamoci cosa succederebbe se volessimo seriamente diventare i padroni del nostro destino nella produzione di pannelli fotovoltaici, inclusa l'estrazione del silicio che ne è una componente essenziale.

Sull'Europa gli effetti del lungo inverno in cui stiamo entrando sono profondi. Una prima conseguenza della guerra in Ucraina è geopolitica: è uno spostamento del baricentro europeo a nordest. È un cambiamento importante. La Polonia viene considerata ormai, sul piano strategico, come l'alleato più affidabile degli Stati Uniti all'interno dell'Unione europea. Per gli aiuti che fornisce all'Ucraina, per l'aumento delle proprie spese nella difesa (ben oltre il 2 per cento del Pil), il governo di Varsavia è diventato una sponda decisiva degli americani. Nonostante che il suo orientamento politico sia ultraconservatore sul piano valoriale, e come tale agli antipodi rispetto al Partito democratico di Biden. Certi apprezzamenti che si sentono negli Stati Uniti sulla lucidità dei polacchi nel capire la minaccia russa ricordano quasi l'ammirazione per la «nuova Europa» filo-occidentale da opporre alla «vecchia Europa» antiamericana, giudizio espresso dal repubblicano Donald Rumsfeld quando era il segretario alla Difesa di George W. Bush. Se all'asse Washington-Varsavia si aggiungono le adesioni di Finlandia e Svezia alla Nato, il baricentro dell'alleanza atlantica si sposta, in maniera significativa, verso nord, nordest. L'allargamento della Nato ai due paesi nordici ex neutrali è gravido di conseguenze sugli equilibri politici del continente, quanto lo fu l'allargamento dell'Unione europea a est dopo la fine dell'Unione Sovietica.

Un secondo effetto della guerra in Ucraina è la crisi del modello tedesco e la necessità di ripensarlo. Questo è un tema particolarmente rilevante per l'Italia: la parte più sana e dinamica della nostra economia, l'apparato industriale dell'area lombarda-veneta-emiliana, vive in simbiosi con l'economia tedesca. Se la Germania soffre, soffriamo anche noi. Bisogna ricordare che la solidità economica del modello tedesco non è sempre stata tale. All'inizio degli anni Novanta la Germania non aveva l'immagine competitiva che le associamo. Trent'anni fa veniva definita «il malato d'Europa», perché la sua economia aveva problemi enormi, in parte legati alla costosa «digestione» della Germania Est post-riunificazione, in parte agli oneri di uno Stato assistenziale ipertrofico. Uscì da quella fase difficile grazie a una serie di cambiamenti coraggiosi, tra cui le riforme del welfare varate dal governo socialdemocratico di Gerhard Schröder: meno assistenzialismo, meno costi sociali per l'economia. Fu benefico l'allargamento dell'Unione europea a est, perché consentì all'industria tedesca una prima ondata di delocalizzazioni nel suo «Oriente vicino», spostando fabbriche in aree dai costi inferiori come paesi baltici, Polonia, Repubblica Ceca, Ungheria.

Nel «secondo miracolo tedesco» (dopo quello della ricostruzione post-bellica), che avvenne negli anni Novanta, due altri fattori furono fondamentali: il gas russo, economico e abbondante, e i mercati asiatici (Cina in testa) spalancati e avidi di made in Germany. Per quasi trent'anni la Germania è stato l'unico grande paese occidentale ad avere una bilancia commerciale attiva con Pechino, riuscendo a vendere ai cinesi più di quanto comprava da loro. Ambedue questi ingredienti – gas russo e mercato cinese – ormai appartengono al passato. I costi di produzione del made in Germany hanno ricevuto una formidabile spinta al rialzo. I rapporti con la Cina sono peggiorati e il protezionismo di Xi Jinping ha reso quel mercato meno aperto di prima. Nel 2022, per la prima volta in trent'anni, la bilancia commerciale tedesca è andata in rosso.

La Germania torna a essere il malato d'Europa; non l'unico ma il più importante. Il suo modello va reinventato e la gestazione è difficile, costosa. L'attuale debolezza di Berlino si riflette sull'intera Unione europea. Non è pensabile un'Europa forte se la sua nazione più grande e più ricca è in crisi. Nel 2022, di questo ripensamento del modello tedesco abbiamo visto i primi passi, modesti e insufficienti: un inizio di revisione della politica energetica che sfida qualche tabù ambientalista; una torsione geografica che grazie a sei rigassificatori segnerà la fine della malsana dipendenza dalla Russia.

I problemi che ha la Germania non risparmiano l'Italia. Se speravamo di poter essere tra i beneficiari del *friendly-shoring*, cioè attirare investimenti occidentali che evitano la Cina nell'era post-globalizzazione, i costi proibitivi dell'energia non ci rendono competitivi. I vari «governi del no», che hanno sempre ostacolato tutto in Italia – compresi tanti progetti di energie rinnovabili, fermi per ostacoli paesaggistici o burocratici –, hanno peggiorato ancora la nostra già pessima reputazione presso gli investitori internazionali.

Per quanto il centro strategico dell'Europa sia stato trascinato a nordest dagli sviluppi della guerra ucraina e dell'allargamento della Nato, l'Italia in teoria può esercitare un ruolo in quel Mediterraneo che torna a essere indispensabile. Oggi tutti gli europei, tedeschi inclusi, stanno comprando più gas da Algeria, Libia, Egitto, Israele, Cipro, Turchia, Qatar, oltre che da Norvegia e Stati Uniti. Va difesa la stabilità e la sicurezza degli approvvigionamenti che attraversano il Mediterraneo. L'Italia può svolgere un ruolo essenziale. Sempre che non lasci il Mare Nostrum alle flotte militari altrui: Francia o Russia o Turchia. Questo sottolinea l'importanza degli investimenti per la nostra difesa. Nel lungo inverno della crisi energetica e della recessione non sarà facile mantenere l'impegno preso in sede Nato sull'aumento della spesa italiana per le forze armate. La coperta del bilancio pubblico è corta e qualcuno cercherà di rispolverare il dilemma «burro o cannoni». In più, l'Italia deve vedersela con un variegato ambiente che si dice pacifista, ma è solo antioccidentale: ogni pretesto è buono per scendere in piazza contro la Nato. Eppure è impensabile garantire la nostra futura sicurezza energetica senza essere presenti nel Mediterraneo anche come *security provider*, «fornitori di sicurezza».

Tutta l'Europa deve rivedere i suoi tabù. Il *friendly-shoring* necessita di una politica industriale che sappia misurarsi con quel che fanno America e Cina: ma a Bruxelles, per decenni, è stato vietato coltivare dei «campioni nazionali» nell'industria e nella tecnologia, perché le regole dell'Unione proibivano gli aiuti di Stato e ostacolavano le fusioni tra aziende troppo grandi. Dai semiconduttori alla difesa, dal solare all'auto elettrica, l'Europa deve rivedere le proprie regole. Non è solo questione di dimensioni, visto che persino Israele dà dei punti all'Europa nelle tecnologie avanzate.

Joe Biden è riuscito a realizzarla, una sua politica industriale innovativa. Nel 2022 ha varato due manovre che vanno in quella direzione, una all'insegna della sostenibilità ambientale, l'altra per riconquistare la leadership nei semiconduttori. La prima vale 370 miliardi di dollari, la seconda 280. L'impatto potrebbe essere sostanziale. La prima è quel che resta del Green New Deal promesso da Biden in campagna elettorale. Nel frattempo, però, c'è stato lo shock energetico, le sanzioni contro la Russia. Certi slogan ambientalisti che invocano il passaggio quasi istantaneo a un mondo di sole energie rinnovabili hanno mostrato la loro assurdità. Perciò quella manovra contiene anche alcune agevolazioni per estrarre energie fossili. Troppo poche, forse, per compensare anni di boicottaggio degli investimenti in quel settore. Da notare che le rinnovabili ottengono un aiuto «contro» gli ambientalisti, cioè una semplificazione di iter burocratici per le approvazioni: in America, come in Europa, sotto l'ombrello dello pseudoambientalismo allignano le campagne degli egoismi locali che bloccano progetti di centrali eoliche e solari. C'è nel sostegno alla transizione verde un versante anticinese: si tratta di rilanciare industrie come quella dei pannelli fotovoltaici, che la concorrenza sleale del made in China ha quasi distrutto negli ultimi anni a furia di esportazioni sottocosto finanziate con i sussidi pubblici di Pechino.

La seconda manovra di Washington è ancora più connessa con la Cina, come avversaria e come modello. Quei 280 miliardi di aiuti all'industria dei semiconduttori o microchip sono un classico esempio di politica industriale che rilancia il ruolo dello Stato a sostegno dell'industria privata nelle tecnologie avanzate. Ben 100 di quei miliardi saranno distribuiti per la ricerca scientifica dalla National Science Foundation. Qui Biden «copia» Xi Jinping in apparenza, ma solo per chi ha la memoria corta. In realtà riscopre una ricetta che l'America usò ampiamente negli anni Sessanta e

Settanta, durante la guerra fredda: il ruolo propulsivo della spesa pubblica per stimolare il progresso tecnologico. La politica industriale con la regia statale era stata ridimensionata negli anni di egemonia culturale del neoliberismo. Salvo scoprire che Pechino ha colmato gran parte del suo ritardo tecnologico sugli Stati Uniti proprio inondando i suoi campioni industriali nazionali di aiuti pubblici. Ora Biden corre ai ripari. La manovra battezzata Chips and Science accelera la costruzione di nuove fabbriche di microchip sul territorio Usa, già in corso a opera di giganti come Intel, Tsmc, Samsung. L'Unione europea dovrebbe prendere nota, perché la sua dipendenza dall'estero è ancora più pronunciata rispetto a quella degli Stati Uniti.

In parte, il mercato aveva preceduto Biden. Nel settore dei semiconduttori i big mondiali avevano già ricominciato a investire in nuove fabbriche sul territorio americano, anticipando l'arrivo di aiuti pubblici prima ancora che questi fossero disponibili, perché volevano rispondere al boom della domanda. Il risultato assomiglia a quel che è successo nel trasporto navale: l'era della scarsità e dell'iperinflazione sta già finendo, perché l'economia di mercato ha reagito aumentando l'offerta. I sussidi di Stato promessi da Washington hanno rafforzato la risposta delle aziende private. Il risultato è che la capacità produttiva americana nel settore dei microchip, memorie e semiconduttori sta tornando a salire, e qualcuno già intravede il capitolo successivo, la sovrapproduzione. Si rischia di passare da un eccesso all'altro. Proprio questo giustifica la politica industriale americana. Costosa, certo, per gli aiuti di Stato versati all'industria con i soldi del contribuente. Ma se c'è un caso in cui non si può abbandonare un settore all'oscillazione frenetica dei cicli di mercato, è quello delle tecnologie essenziali come i semiconduttori. Se è vero che si tratta di un settore strategico, e se qui si combatte una sfida decisiva con la Cina, non possiamo abbandonare le aziende alla mercé della congiuntura, con il rischio che rinuncino a investire quando manca la domanda. Se lo facessimo, ripeteremmo in questo settore gli errori commessi in passato per il gas naturale o i pannelli solari.

Nell'Introduzione ho evocato il «triangolo magico» su cui si poggia l'egemonia di una superpotenza: energia, moneta, armi. Ho ricordato che l'America, per quanto malconcia sotto tanti aspetti, per quanto afflitta da un declino relativo perché altre superpotenze la inseguono e si avvicinano, rimane l'unica a padroneggiare questi tre capisaldi della forza imperiale. Se ne potrebbe aggiungere un quarto, che è la popolazione: quella americana continua a crescere, mentre gli imperi rivali sono afflitti dalla denatalità.

Il primato nella forza militare va ridefinito, allargando il concetto a tutto il settore hi-tech, perché oggi la capacità di difendersi è affidata in gran parte alle tecnologie. Lo si è visto nella guerra ucraina. La sproporzione immane tra la gigantesca armata di Putin e quella ben più piccola dell'Ucraina è stata compensata – in parte – dalla fornitura da parte della Nato di dispositivi più sofisticati rispetto a quelli russi, e soprattutto dalla superiore intelligence satellitare americana.

I confini fra tecnologie militari e civili sono diventati sempre più labili, indefiniti. Siamo nell'era delle cyberguerre, in cui i satelliti di Elon Musk servono alla Nasa oppure a Zelensky per mantenere le telecomunicazioni ucraine. Per questo la nuova sfida Usa-Cina da tenere d'occhio è quella affidata all'embargo di esportazioni americane proprio nel settore dei semiconduttori e altre tecnologie avanzate. La partita è ben più importante di quella dei dazi, che non si sono dimostrati né particolarmente dannosi né tanto efficaci. Negare alla Cina le migliori tecnologie americane – suscettibili di un uso anche a fini bellici – è una politica iniziata da Trump e rafforzata da Biden, che ha voluto renderla più onnicomprensiva e stringente.

Questo embargo di forniture ha molti nemici, a cominciare da quei giganti del capitalismo Big Tech che con la Cina continuano a fare affari. Tra gli argomenti che usano – ovviamente per difendere i propri interessi economici – ce n'è uno che ha qualche verosimiglianza: cessando di vendere tecnologie made in Usa si accelera la corsa di Pechino verso la propria autonomia. Infatti, se verrà privata del suo accesso al meglio della tecnologia occidentale, la Repubblica popolare moltiplicherà gli sforzi per costruirsela in casa, per raggiungerci e superarci nei settori di punta. Ma forse vale comunque la pena cercare di ritardare il momento in cui ci riuscirà, anziché comportarci come i capitalisti idioti della parabola di Lenin: quelli che vendono ai comunisti la corda con cui saranno impiccati. In ogni caso, la vicenda Huawei è istruttiva. Da quando gli americani hanno messo quel colosso delle telecomunicazioni cinesi (legato ai militari) sulla loro lista nera, con divieto di vendergli le tecnologie più avanzate dell'Occidente, la fortuna di quella multinazionale è entrata in una fase discendente.

Con armi e tecnologie superiori, più l'autosufficienza energetica, più la moneta universale, e aggiungiamoci pure una demografia vivace, l'America non è ancora in stato comatoso. Se si giudica in base a questo triangolo, o quadrilatero, delle forze imperiali, Washington non ha trovato una sfidante che sia alla sua altezza. Proprio questa leadership genera risentimento, invidia, o puro e semplice odio. Anche perché, nel suo ruolo egemonico, l'America è costretta inevitabilmente a scontentare alcune delle sue variegate constituency mondiali.

Un caso emblematico è il rapporto altalenante con le potenze arabe del Golfo. Nell'ottobre 2022 uno scontro ha opposto Biden al principe Mohammed bin Salman sulla produzione di petrolio. Il presidente americano voleva che l'Opec rinunciasse a tagliare la sua produzione, perché contava sul petrolio arabo per sostituire quello russo. Il leader saudita, invece, si è allineato con Mosca e ha tagliato la produzione. Gli americani hanno gridato al tradimento e minacciato ritorsioni. I sauditi, dal loro punto di vista, si sentivano già traditi da tempo da un'America ambientalista che ha condannato a morte le energie fossili e ha sabotato gli investimenti in quel settore, salvo poi chiedergli di estrarre più greggio per compensare l'ammanco di produzione russa. I conflitti tra americani e sauditi, peraltro, non sono una novità. È almeno dal primo shock petrolifero del 1973 che queste due nazioni uniscono un'alleanza militare e un alternarsi oscillante di convergenze-divergenze sul terreno energetico-economico.

Questo riconduce a un aspetto fondamentale della superpotenza americana. Gli Stati Uniti sono l'unico paese al mondo che ha tre ruoli distinti nell'energia: sono grandi produttori-esportatori; sono grandi consumatori; infine, e compatibilmente con le prime due funzioni, sono spesso i garanti della sicurezza energetica dei loro alleati, dall'Europa al Giappone. Questa sovrapposizione di ruoli mette gli americani in una situazione molto diversa rispetto ai sauditi, che sono solo produttori-esportatori, o a cinesi, giapponesi ed europei, che sono solo consumatori. Infine, persino in campo energetico nessun'arma è potente quanto quella che impugna la Federal Reserve con i suoi rialzi dei tassi, che influenzano il mondo intero grazie alla supremazia del dollaro. Se vogliamo sapere da che parte andranno i prezzi del petrolio, più che ai tagli dell'Opec che vorrebbero spingerli in su, dobbiamo guardare all'arrivo di una recessione globale, che esercita una spinta nella direzione contraria.

I ruoli molteplici e talvolta contradditori dell'America sono una causa di frustrazione perenne dei suoi alleati. Vi si aggiunge il fatto che il resto del mondo deve esercitarsi in congetture su come potrebbe cambiare la politica estera di questa superpotenza a seconda dei risultati di ogni elezione, congressuale o presidenziale. Ne abbiamo una ogni due anni! È la democrazia, bellezza! Per quanto vi sia un Deep State – una «cupola» dell'alta tecno-burocrazia – che dal Pentagono al dipartimento di Stato è depositario di una continuità della politica estera americana, sappiamo che anche in quella potente élite vi sono correnti di pensiero diverse. Il trattamento riservato agli alleati da Trump non è lo stesso di Biden, e chissà chi verrà dopo. Tutto questo porta acqua al mulino dei simpatizzanti delle autocrazie: com'è rassicurante lo spettacolo di continuità e decisionismo offerto da Putin e Xi, al confronto con la sgangherata alternanza americana. Putin e Xi, nella loro meravigliosa solitudine al comando, hanno accumulato errori madornali.

Eppure, l'ammirazione verso i sistemi autoritari non si spegne mai. Il loro fascino è tornato in primo piano quando nell'autunno 2022 il mondo ha potuto paragonare due spettacoli politici paralleli nelle due superpotenze: il congresso comunista che ha incoronato Xi Jinping con un terzo mandato, e le elezioni americane di mid-term. Da una parte un cerimoniale perfetto; dall'altra, rissa e delegittimazione reciproca. Quale dei due sistemi funziona meglio? E come lo vive, davvero, la maggioranza dei cinesi da una parte, degli americani dall'altra?

Un miliardo di cinesi ha seguito quel congresso del partito con il fiato sospeso. Non perché si aspettasse colpi di scena. L'evento era pianificato da tempo nei minimi dettagli, la scenografia escludeva l'improvvisazione. La conferma di Xi era scontata, anche tra i capi comunisti chi dissentiva era stato messo in condizione di non nuocere. Ma proprio perché la figura di Xi è ormai quella di un imperatore, si era diffusa la speranza del miracolo dopo l'avvenuta incoronazione: la fine o almeno un graduale allentamento delle terribili restrizioni antipandemia; un rilancio della crescita economica. Queste aspettative dei cinesi – fondate o meno – sono tipiche di un sistema in cui lo Stato è tutto, comanda i dettagli della vita di ciascuno. E dietro lo Stato c'è il partito unico. Un cinese non può permettersi di ignorare lo Stato e il partito, perché quelli non ignorano lui.

L'America, a ogni elezione, offre lo spettacolo opposto. Il clima è nervoso, se non isterico. Da una parte e dall'altra c'è chi sfodera un linguaggio da ultima spiaggia, la retorica dipinge l'avversario come un pericolo, un nemico della democrazia e della nazione. In realtà un'elezione non è la fine del mondo, comunque vada. Non cambierà l'America, né la città o il quartiere in cui viviamo, tantomeno l'azienda in cui lavoriamo. Negli Stati Uniti, pochissime persone hanno un'attività e un tenore di vita che dipendono da chi sta al governo. Capitalismo e federalismo fanno sì che i destini di ciascuno dipendono da altre cose: il proprio talento e voglia di fare, l'andamento del mercato nel proprio settore economico; la bravura dei capi e colleghi e collaboratori sul lavoro; magari qualche decisione del sindaco o del provveditore agli studi che ha un impatto sulla qualità della vita nel proprio quartiere o sulla scuola dei figli. Persino le misure anti-Covid furono diverse per chi abitava in California o in Texas, a New York o in Florida. Lo Stato fa tante cose anche in America, ma è solo una delle variabili. Quasi nessuno tiene il fiato sospeso nell'attesa di una svolta legata alle elezioni. Salvo quelli che vivono di politica, ma su 330 milioni di abitanti sono proprio pochi, e abitano quasi tutti negli stessi isolati di Washington o New York.

Non è questa la versione preferita dai media americani. Quelli di sinistra insistono sul fatto che il 6 gennaio 2021 il paese sfiorò un colpo di Stato. Dimenticano che l'assalto al Congresso non ebbe effetto perché scattarono le salvaguardie istituzionali, inclusa la fedeltà alle leggi da parte di figure chiave della parte sconfitta, il partito repubblicano. I media della destra estrema descrivono un accerchiamento dei bianchi e uno stravolgimento radicale del contratto sociale americano, mentre la realtà rivela un'evoluzione in senso moderato-conservatore delle minoranze etniche.

Le narrazioni contrapposte confortano la teoria di Xi sul declino terminale degli Stati Uniti e la superiorità del sistema cinese. La propaganda di Pechino amplifica la drammatizzazione dei media Usa sulla guerra civile sempre dietro l'angolo. Eppure, le vicende del 2022 hanno confermato la forza della superpotenza occidentale. La democrazia non è un ostacolo alla leadership, anzi. Il ruolo del dollaro è sostenuto da un'economia di mercato garantita dallo Stato di diritto. La tecnologia nasce dalla libertà di ricerca. La potenza militare si esercita dentro reti di alleanze con nazioni attratte dal modello liberaldemocratico.

E l'Italia? Dove si situa il nostro paese, tra i due poli estremi della Cina e dell'America? Per fortuna, l'Italia non vive sotto il tallone di un partito unico o di un autocrate. Però abbondano i segnali che l'Italia è un modello ibrido, assai distante da quello americano. Svariate categorie professionali – le cosiddette «lobby» – sono abituate a dipendere dal potere politico di turno per prebende, privilegi, erogazioni. Una parte della popolazione ha una forte propensione per l'assistenza pubblica, e quindi i suoi destini sono legati al ceto politico che controlla le regole sui sussidi. Il pianeta della burocrazia ha resistito a tutte le cure dimagranti. Un altro mondo che vive di contiguità con la politica è la giungla di aziende pubbliche e semipubbliche o del para-Stato, istituzioni che vivono di trasferimenti. Questo forse spiega anche perché la politica sia onnipresente in Italia, compreso nell'informazione: le vite di tante persone possono imboccare percorsi diversi, a seconda di chi sta al potere.

Nessuno è costretto a scegliere tra due modelli estremi come l'America e la Cina. Tutta l'Europa offre varianti ibride, con un ruolo dello Stato abbastanza esteso, ma non al punto da uccidere l'iniziativa privata. È utile allargare lo sguardo, osservare come sta andando la gara tra macrosistemi, e chiederci se il nostro modello sia quello giusto.

Trent'anni fa usciva uno dei libri più incompresi del nostro tempo: *La fine della storia e l'ultimo uomo* (Rizzoli, 1992) di Francis Fukuyama. Analizzava, in tutte le sue conseguenze, la vittoria delle liberaldemocrazie dopo la caduta del Muro di Berlino. Come purtroppo accade ai libri di grande valore coronati da un successo di pubblico, è stato ridotto a una caricatura. Il suo titolo ha avuto una vita autonoma, molti hanno elaborato critiche risibili a Fukuyama solo sulla base di quell'espressione, «la fine della storia», senza neppure aver letto l'opera. Fukuyama è un raffinato pensatore, allievo di quel Samuel Huntington che, a sua volta, fu incompreso, deformato e vilipeso per aver scritto un altro testo fondamentale, *Lo scontro delle civiltà e il nuovo ordine mondiale* (Garzanti, 2000). Fukuyama, nel 1992, non sosteneva che la storia fosse giunta al capolinea con la disintegrazione dell'Unione Sovietica e che da lì in poi saremmo vissuti tutti felici e contenti sotto l'egemonia di un unico modello occidentale destinato a imporsi al mondo. Fukuyama elaborava, in modo coerente e alla luce degli sviluppi storici, la vecchia intuizione del premier britannico protagonista della sconfitta di Hitler: la democrazia, secondo Winston Churchill, è il peggior sistema di governo, con l'eccezione di tutti gli altri.

Dopo l'uscita del libro di Fukuyama, diversi sistemi alternativi si sono affacciati di prepotenza sulla scena mondiale: dal radicalismo islamico alla supertecnocrazia confuciano-comunista di Xi, passando per il torbido mix di fascismo e zarismo elaborato da Putin. Ognuno di questi modelli ha cercato di sfidare il teorema della «fine della storia». Ognuno ha riscosso applausi a scena aperta dalle tante platee antioccidentali, inclusa quella di casa nostra. Ma nessuno degli antioccidentali che pullulano in Europa o in America ha mai pensato per un solo istante di emigrare a Mosca, a Pechino, o a Teheran. Per ora stravince Fukuyama: pur con i loro difetti enormi, le liberaldemocrazie e il capitalismo di mercato sono il modello più avanzato.

La fiducia in sé dell'Occidente, già ai minimi perché sottoposta a decenni di automutilazione, affronta un'altra prova micidiale con questo lungo inverno. Ci sentiremo dire, dai soliti profeti di sventura, che siamo finiti. Ma la liberaldemocrazia americana, dalla sua nascita nel 1787, è sopravvissuta a decine e decine di recessioni, inclusa una Grande Depressione; oltre a una guerra di secessione e a due guerre mondiali. Cina e Russia, nel frattempo, hanno cambiato un po' di regimi: nell'arco di due secoli e mezzo sono loro a mancare di continuità e di stabilità. In quanto al resto del mondo, c'è chi continua a predicare che l'Occidente è quello che è solo perché da secoli sfrutta gli altri. A distinguersi in questo genere di predica ci sono anche le classi dirigenti dei paesi ex coloniali. Fate i conti: le ultime colonie si sono liberate tra gli anni Quaranta e gli anni Sessanta, quindi hanno visto succedersi tre o persino quattro generazioni da allora. Alcune sono state protagoniste di storie di progresso fenomenali, come Taiwan e Singapore. Altre, invece, tramandano il rancore post-coloniale ai figli, ai nipoti e pronipoti, per mascherare il fallimento di élite locali corrotte e rapaci che hanno impoverito le loro nazioni. Vale per quei popoli ex coloniali l'osservazione di cui sopra: anch'essi hanno un sogno americano, oppure occidentale, e alcuni di loro si accalcano alle nostre frontiere per entrare fisicamente in quel sogno, non alle frontiere della Cina (che peraltro sono ben chiuse).

L'Occidente, e al suo interno l'Italia, saprà sopravvivere anche a questo lungo inverno se attingerà alle qualità del suo modello, non se ammirerà chi lo odia. Il lungo inverno può preludere a una stagione di creatività, in cui troveremo risposte innovative ai nostri problemi energetici ed economici. Da quando è nata l'economia di mercato, è stata la sua adattabilità alle rivoluzioni scientifiche a moltiplicare per quaranta la produttività umana, ad allungare le nostre aspettative di vita, a ridurre la mortalità infantile, a consentire che la terra sostenga 8 miliardi di abitanti. Ogni volta che qualcuno ha preteso di avere un sistema migliore del nostro, ha generato tragedie e orrori. Se ai nostri antenati dell'Ottocento o del primo Novecento avessero descritto le condizioni di vita attuali, le avrebbero considerate impossibili. Ancora cinquant'anni fa affrontammo il primo shock energetico in condizioni meno facili, con livelli di benessere molto inferiori agli attuali. Uscirne non fu una passeggiata, perché dovevamo affrontare insieme altre emergenze, come il terrorismo domestico, eppure anche allora arrivò la fine del tunnel.

Che nome ha, il giorno che nasce, come oggi, quando tutto è rovinato, tutto è distrutto, eppure l'aria si respira, ma tutto è perduto, la città brucia, gli innocenti si uccidono tra loro, mentre i colpevoli agonizzano, in un angolo del giorno che nasce?
– Chiedilo al mendicante, lui lo sa.
– Ha un bellissimo nome, donna Narses. Si chiama l'aurora.

JEAN GIRAUDOUX, *Elettra*

Indice dei nomi

MISTO
Carta da fonti gestite in maniera responsabile
FSC® C115118
FSC
www.fsc.org

Mondadori Libri S.p.A.

Questo volume è stato stampato
presso ELCOGRAF S.p.A.
Stabilimento - Cles (TN)

Stampato in Italia - Printed in Italy